L'ARMÉE
A TRAVERS LES AGES

CONFÉRENCES

FAITES EN 1898

A L'ÉCOLE SPÉCIALE MILITAIRE DE SAINT-CYR

PAR MM.

LAVISSE, de l'Académie française, Directeur des Conférences,
GUIRAUD, de l'Université de Paris,
LANGLOIS, de l'Université de Paris,
GEBHART, de l'Académie des Sciences morales et politiques,
LEHUGEUR, Professeur d'histoire au Lycée Henri IV,
SOREL, de l'Académie française et de l'Académie des Sciences morales
et politiques,
VANDAL, de l'Académie française,
BOUTROUX, de l'Académie des Sciences morales et politiques,

PARIS
LIBRAIRIE MILITAIRE R. CHAPELOT ET Cie
IMPRIMEURS-ÉDITEURS
Successeurs de L. BAUDOIN
30, Rue et Passage Dauphine, 30

1899

L'ARMÉE

A TRAVERS LES AGES

PARIS. — IMPRIMERIE R. CHAPELOT ET C°, 2, RUE CHRISTINE.

L'ARMÉE

A TRAVERS LES AGES

CONFÉRENCES

FAITES EN 1898

A L'ÉCOLE SPÉCIALE MILITAIRE DE SAINT-CYR

PAR MM.

LAVISSE, de l'Académie française, Directeur des Conférences,
GUIRAUD, de l'Université de Paris,
LANGLOIS, de l'Université de Paris,
GEBHART, de l'Académie des Sciences morales et politiques,
LEHUGEUR, Professeur d'histoire au Lycée Henri IV,
SOREL, de l'Académie française et de l'Académie des Sciences morales
et politiques,
VANDAL, de l'Académie française,
BOUTROUX, de l'Académie des Sciences morales et politiques.

PARIS

LIBRAIRIE MILITAIRE R. CHAPELOT et Cᵉ

IMPRIMEURS-ÉDITEURS

SUCCESSEURS DE L. BAUDOIN

30, Rue et Passage Dauphine, 30

1899
Tous droits réservés.

LE PROGRAMME DU COURS

Par M. Ernest LAVISSE

DE L'ACADÉMIE FRANÇAISE, DIRECTEUR DES CONFÉRENCES

LE PROGRAMME DU COURS

Messieurs,

Lorsque M. le Ministre de la guerre me fit l'honneur de me proposer un enseignement à Saint-Cyr,
j'hésitai, parce qu'il me paraissait impossible d'ajouter
à la charge très lourde que portent mes épaules. Mais
je n'hésitai pas longtemps. Je crois à l'efficacité de
l'éducation, et je sais que l'éducation des futurs officiers de l'armée française est importante entre toutes.
Jugé digne d'y contribuer pour ma part, je ne pouvais
me récuser. D'ailleurs, quelque chose comme une vocation m'appelait dans cette maison. Mes premiers
amis furent de vieux soldats. Les récits, entendus à la
veillée, de combattants d'Austerlitz, d'Iéna et de Wagram, charmèrent si bien mon enfance que le premier
imprimé que j'achetai, j'avais alors dix ans, fut le
programme d'admission à Saint-Cyr. J'étais destiné à
venir ici, comme vous voyez ; j'y arrive un peu tard,
mais avec les sentiments que vous pouvez souhaiter en
moi, de dévouement à cette grande École.

Je n'arrive pas seul, et même je suis fort bien accompagné. Comme il m'était impossible de donner un
enseignement régulier, je proposai à M. le Ministre de
la guerre d'organiser une série de conférences ; il
voulut bien agréer l'idée, les sujets et les professeurs.

Cette première leçon a pour objet de définir le cours de cette année; ce sera comme une table des matières avant le livre.

Pas un moment je n'ai eu l'idée de conférences sans lien les unes avec les autres, de conférences de fantaisie faites par des amateurs même brillants. Votre temps est trop précieux pour le dissiper en divertissements. J'ai pensé qu'il fallait qu'un sujet unique fût traité par plusieurs personnes, et que ce fût un très grand sujet, par le moyen duquel nous pussions vous apprendre des choses qu'il faut que vous sachiez bien. C'est pourquoi nous vous parlerons de l'histoire de l'armée, depuis les temps romains jusqu'à nos jours, mais cette histoire sera entendue d'une certaine façon. Si nous prétendions vous donner une histoire complète en dix leçons, nous vous apporterions un de ces vagues résumés qui laissent dans la mémoire des mots incompris et des faits inexpliqués, et qui sont le fléau de l'enseignement historique.

Nous nous proposons d'étudier à certaines dates bien choisies les rapports des institutions militaires avec les institutions et les mœurs politiques et sociales, en répondant aux questions suivantes : Comment l'armée se recrutait-t-elle ? Était-on soldat par obligation ou par métier ? Quel était le principe de la discipline ? Quel sentiment l'officier et le soldat avaient-ils du devoir militaire et de l'honneur militaire ? Le cours ainsi compris vous donnera pour ainsi dire une philosophie du métier militaire à travers les âges.

Il est bon, Messieurs, que vous ayez cette philosophie par laquelle s'élargira votre horizon, que vous viviez dans les âmes de vos prédécesseurs, que vous compariez vos sentiments aux leurs, les institutions d'aujourd'hui à celles d'autrefois, que vous notiez les ressemblances et les différences. Connaître le passé, cela aide beaucoup à connaître son temps par la comparaison même, et par conséquent à comprendre sa fonction et son devoir.

J'ai résisté à la tentation de remonter jusqu'au commencement du monde. Un vrai professeur d'histoire est toujours porté à remonter jusque-là, pour avoir l'ensemble et la suite des choses, et certes il y aurait beaucoup à dire sur les lointaines armées des peuples d'Orient, de Babylone ou de Ninive, d'Egypte et de Perse, et sur les armées grecques, si glorieuses, soit qu'elles aient été employées aux guerres entre Hellènes, soit qu'elles aient été conduites par Alexandre à la conquête de l'Asie ; mais il fallait se limiter : le commencement du monde, c'est tout de même un peu trop loin.

Les deux premières leçons seront donc consacrées à l'armée romaine.

Conduite par une politique très sage, cette armée a fondé un immense empire ; l'histoire y trouve les origines de la civilisation moderne, car dans ce cadre se répandit la loi romaine, inspiratrice de tant de lois auxquelles nous obéissons aujourd'hui, et l'Eglise chrétienne s'organisa. Et si Rome aujourd'hui est encore une capitale du monde, où siège un empereur spirituel, c'est parce que les légions romaines l'ont faite jadis la capitale du monde antique. Parmi les grandes œuvres accomplies par la force, celle de l'armée romaine est la plus considérable et la plus féconde : aucun soldat, qui aime son métier et en veut connaître les lettres de noblesse, ne peut ignorer l'histoire de cette armée. Mais pour la bien connaître, cette

histoire, pour être en état de l'enseigner, il faut avoir
passé des années à étudier l'antiquité romaine. C'est
pourquoi les deux leçons seront professées par un des
hommes qui la connaissent le mieux, mon collègue à
l'Université de Paris, M. Guiraud.

Dans la première leçon, M. Guiraud parlera de l'armée romaine, vers l'an 200 avant Jésus-Christ, c'est-
à-dire au beau temps de la République, après la victoire sur Carthage, au moment où la conquête de
l'orbis romanus est commencée et assurée. Il vous dira
ce qu'était à cette date la vie militaire, pourquoi et
comment on était soldat, ce qu'étaient le commandement, la hiérarchie, la discipline, l'esprit militaire,
l'esprit de l'armée qui a conquis le monde.

Vous verrez qu'à cette date, le service est un droit
autant qu'un devoir, un droit du citoyen, que lui
seul peut exercer; et même c'est comme un privilège
du citoyen riche que d'être soldat, car les magistrats
chargés du recrutement ne choisissent que les citoyens
qui ont une certaine fortune et laissent de côté les
pauvres. L'armée est commandée par deux sortes d'officiers : les uns, sortis du rang, ne s'élèvent point au-
dessus du grade de centurion; les autres, fils de familles
nobles ou riches, arrivent d'emblée aux grades les
plus élevés. Ce ne sont donc point du tout les institutions que nous, modernes, nous attendons d'une république. L'armée n'est point permanente; le citoyen
peut y être appelé jusqu'à l'âge de 45 ans, mais, l'expédition finie, il retourne à son champ de la campagne romaine; de même le centurion, et, de même, le
dictateur. Il n'existe pas même de cadres permanents;
point d'officiers, pour parler comme aujourd'hui, pro-

priétaires de leurs grades. On est colonel ou général pour une campagne; après, on rentre dans la vie civile. Et même, de la vie civile, on ne sort jamais; le prétorien et le consul demeurent des magistrats en devenant des généraux. Vous voyez, Messieurs, l'immense différence entre ces temps, ces institutions, ces mœurs et les nôtres, et vous comprenez aussi que l'armée romaine, c'est bien exactement la cité elle-même; c'est la nation en armes. Point d'opposition possible entre civils et militaires, pas même de distinction; une seule âme, l'unité parfaite, la force incomparable.

La seconde leçon traitera « de l'armée romaine à la fin de l'Empire ». Entre cette armée et celle de la République, le contraste est absolu. C'est que bien des révolutions se sont succédé pendant les cinq siècles qui séparent l'une de l'autre. Pour des raisons diverses, le bel ordre des premiers temps a disparu, après que Rome eut achevé ses grandes conquêtes; la richesse est entrée avec les triomphateurs; les citoyens, divisés en très riches et très pauvres, ont formé des partis et les partis ont produit la guerre civile. Entre temps, l'armée a cessé d'être purement romaine. A côté des légions, composées de citoyens, ont pris place les troupes des cités de l'Italie conquise. Pendant la guerre civile apparaissent des armées, qui servent non plus la patrie, mais des hommes; un de ces hommes, César, fonde l'empire. Ces révolutions sociales et politiques ne pouvaient s'accomplir sans que l'armée fût transformée complètement.

D'ailleurs, même sans révolution, il aurait fallu trouver une autre organisation militaire. L'Empire comprend, avec l'Italie, l'Espagne, la Gaule, une

partie de la Germanie, les pays du Danube, l'Asie an-
térieure, le nord de l'Afrique. Il faut aux frontières
des armées permanentes : impossible de rentrer chez
soi, la campagne finie. Peu à peu, le service militaire
est devenu une profession; le recrutement, qui se fait
surtout par engagements volontaires, peuple les rangs
d'indigents, de sans-travail et d'aventuriers. Quelque
temps encore, et le service a cessé d'être un devoir : il
n'est plus qu'une charge dont on se rachète par l'impôt. Alors la séparation entre la société civile et l'armée est complète. La société civile se déshabitue des
armes et les méprise; la milice, profession mercenaire,
devient héréditaire; l'État, quand il s'est saisi du soldat ne le lâche plus; le fils du soldat est obligé de se
faire soldat; il est lié à l'armée comme l'esclave à la
maison du maître; on en viendra, pour qu'il ne puisse
s'échapper, à le marquer au fer rouge. On en viendra
aussi tout naturellement à enrôler dans l'armée, par
contrat ou par force, des étrangers, des barbares, individuellement, par troupes, par peuples; et des chefs
barbares seront investis de commandements, dédai-
gnés par l'aristocratie romaine. La conséquence sera
la destruction de l'Empire.

Ces leçons seront pour vous, si vous voulez bien y
réfléchir, le sujet de réflexions sérieuses. Vous y trou-
verez deux lois très certaines et qui se vérifieront dans
toute la suite de l'histoire :

La transformation des institutions, des mœurs et des
conditions politiques entraîne nécessairement la transformation des institutions, mœurs et conditions militaires ;

Lorsqu'une société, se désintéressant de l'armée,
dédaigne comme grossière la profession militaire, et

remet sa défense à des mercenaires et à des étrangers, le châtiment arrive plus ou moins vite, mais sûrement. Dans les villes et les châteaux de la Gaule, au Ve siècle, vivaient des hommes distingués, instruits, amateurs d'art et de littérature. Ils goûtaient les délices de la paix romaine. Arrivent les barbares : quelques milliers d'hommes suffirent pour occuper la Gaule ; très peu nombreux étaient les soldats de Clovis. Ces barbares et leurs rois parurent de grossiers et grotesques personnages aux Gallo-Romains, qui se moquaient de leur haute taille, de leur langage, de leurs chants rauques, de leur haleine empestée par l'ail. Mais les sénateurs gallo-romains devinrent les sujets et les courtisans des rois francs, burgondes et wisigoths, et, respectueusement, leur donnèrent de l'Excellence et de la Majesté.

La troisième et la quatrième leçons seront faites par mon collègue à l'Université de Paris, M. Langlois. Le sujet en sera « l'armée française au moyen âge jusqu'au XVe siècle », c'est-à-dire à la date où se forme l'armée permanente du roi. Le professeur vous dira ce que fut l'armée sous les deux premières races, puis qu'au moment où finit la dynastie carolingienne, nous ne voyons plus clair dans le grand désordre et, qu'après un temps écoulé, nous retrouvons une organisation encore imparfaite et confuse ; deux sortes différentes de service militaire : le service obligatoire du propriétaire libre et du vassal, le service professionnel et payé du soldat de métier. Le professeur étudiera ces deux personnes militaires ; il vous dira comment l'une et l'autre ont compris la discipline, l'honneur et la patrie.

1.

Je sais qu'il a l'intention, non seulement de vous exposer leur histoire, mais de vous expliquer comment nous la connaissons, par l'étude de quels documents. Il vous dira que nous ne la connaissons pas depuis long-temps, que nous avons longtemps vécu sur des opinions et sur des légendes. Il vous introduira pour un moment dans l'atelier du travail historique. Vous assisterez à la destruction de quelques légendes. Je vous préviens que votre premier mouvement sera de lui en vouloir. Pourquoi détruire la légende du chevalier toujours héroïque, par exemple ? Pourquoi diminuer la part des milices communales dans l'histoire militaire de la royauté à ses origines ? Pourquoi ne pas nous laisser croire ce qui nous paraît beau ? — Ah ! messieurs ! ceci est une grave question ; elle sera résolue, si je la pose dans sa véritable forme : « L'histoire doit-elle dire la vérité ? » La réponse alors n'est pas douteuse. C'est : Oui, évidemment. — La vérité comme elle est, toute crue ? Oui. — Mais c'est à dessécher le cœur ! — Je réponds : le cœur doit trouver en lui-même la foi et l'enthousiasme, après que la raison lui a dicté le devoir. Votre devoir à vous, il est très simple ; comme il est en même temps très beau, votre devoir, il produit naturellement l'enthousiasme. Vous n'avez pas besoin d'aliments factices. Et savez-vous bien ce que l'on perd à vouloir embellir l'histoire, à la corrompre par des légendes ? On y perd la juste appréciation du présent. Si l'on voit par système le passé en beau, on voit par système le présent en laid. On dénigre son temps et soi-même. Cela peut devenir une cause de découragement, même de désespérance ; nous le voyons bien aujourd'hui. Ceux qui savent que l'humanité n'a jamais été belle ne lui reprochent pas d'être laide à présent. Ceux qui savent que malgré des erreurs, des défaillances, des retours en arrière, elle a toujours marché vers la vérité et vers la justice, une vérité plus complète, une justice meilleure, ceux-là hardiment prennent la file et marchent vers le mieux. Il ne perdent pas la tête dans les moments où il faut marquer le pas; ils ne désespèrent point, s'il faut reculer d'une semelle. Ils redoublent l'effort. Messieurs, la force vraie vient de la connaissance et de l'amour de la vérité. Le réel est sacro-saint parce qu'il est le point d'appui solide de l'effort vers l'idéal.

Mais je reviens à mon programme. Dans la cinquième leçon, M. Emile Gebhart, mon collègue à l'Université de Paris, membre à l'Académie des sciences morales, vous transportera dans un autre pays, afin que vous voyiez et compreniez bien le contraste absolu entre l'histoire de ce pays et la nôtre. Rien de plus instructif que ce contraste. L'Italie du XVe siècle est divisée en petits États, républiques ou principautés ; elle n'a donc pas d'armée nationale; de plus, aucun de ces petits États ne pratique le service obligatoire des citoyens. Mais il existe dans la Péninsule une industrie militaire. Venise, je suppose, ou Florence, ou Milan, ou bien un prince, comme le pape, a besoin d'une armée; il s'adresse à un entrepreneur d'armée, le condottiere. Celui-ci recrute des hommes, les arme, les nourrit, les paye, et il compte avec le patron, république ou prince. Voilà donc une armée extérieure à l'État qui l'emploie. La conséquence sera nécessairement désastreuse. Il arrivera que des condottieri, comme les Sforza, asserviront l'État qui les emploie, et l'Italie aura des tyrans. Il arrivera que ces condottieri italiens inventeront un

nouveau genre de guerre : la guerre où l'on ne tue pas,
où l'on ne se fait pas de mal ; on cite des combats où
moururent quelques maladroits, d'un accident de
cheval. A quoi bon se tuer ? On faisait des prisonniers
comme au jeu de barres. Alors, quand viendront de
l'étranger de vraies armées, espagnoles ou françaises, ce
sera un grand étonnement. Les Italiens laisseront passer
Charles VIII jusqu'à Naples. Au retour, ils l'attendront
à Fornoue, il se jettera sur eux, il bousculera, tuera.
Les Italiens seront scandalisés ; les Français leur
paraîtront des fous furieux : *furia francese !* Et puis,
des soldats qui tuent, quel scandale, quelle barbarie !
En conséquence, l'Italie sera asservie à ces étrangers,
et pour des siècles, car elle fut affranchie par nous, il
y a trente-neuf ans seulement. Vous voyez que cette
leçon sera encore matière à réflexions utiles.

Les leçons suivantes nous ramèneront en France.
Comme il s'agit ici de sujets qui vous sont plus fami-
liers, je puis me contenter d'en dire quelques mots.

Trois conférences seront faites sur la période moderne : la première sur l'*Armée de l'ancienne monarchie* (au moment où elle achève de s'organiser, c'est-
à-dire sous Louis XIV), par M. Lehugeur, professeur
au lycée Henri IV ; la seconde sur l'*Armée de la Révolution*, par M. Albert Sorel, membre de l'Académie
française et de l'Académie des sciences morales ; la
troisième, sur l'*Armée de l'Empire*, par M. le comte
Albert Vandal, membre de l'Académie française.
Toujours la même méthode, toujours l'étude du
rapport des institutions politiques avec les institutions
militaires. La connaissance de ce rapport importe

davantage à mesure que nous approchons de notre temps. Dans la première de ces trois conférences, seront décrits les éléments de l'armée, à la fois monarchique et nationale, mais plus monarchique, à de certains égards, que nationale : d'une part les troupes réglées, françaises et étrangères, recrutées par l'enrôlement; d'autre part les réserves, c'est-à-dire les milices provinciales, avec le principe de l'obligation au service et la pratique du tirage au sort; sous cette apparente confusion, l'unité morale, dans le service du Roi. Dans la seconde conférence : commencements de l'armée exclusivement nationale ; le soldat, depuis 1792 jusqu'en 1800, depuis le soldat de l'ancienne armée, qui sert sous la République, jusqu'au soldat de la dernière levée du Directoire; c'est la mise en route du soldat qui deviendra officier, maréchal, roi; c'est le prélude de l'épopée. Dans la troisième conférence, l'armée de l'épopée : ici, le grand fait historique de la puissance du génie d'un homme.

La dernière leçon sera faite, non plus par un historien, mais par un philosophe, M. Emile Boutroux, de l'Académie des sciences morales et politiques, professeur à l'Université de Paris. Elle aura pour sujet: *Le devoir militaire du temps présent*.

Il importe en effet, Messieurs, que vous réfléchissiez philosophiquement sur le devoir militaire comme il est aujourd'hui, pour avoir en vous, très claires, les raisons de ce devoir.

Tout le cours vous démontrera que, si le devoir militaire est toujours le même au fond, les principes, raisons et mobiles de ce devoir varient avec le temps, les institutions et les mœurs. Le devoir militaire n'a

pas le même principe pour le soldat romain de la Ré
publique, pour le soldat romain de l'Empire, pour le
chevalier et pour le condottiere, pour le soldat de
Louis XIV, et pour celui de l'armée nationale de ce
siècle-ci. Il n'est pas tout à fait le même aujourd'hui
qu'il y a vingt-huit ans, car l'armée aujourd'hui est
plus nationale qu'avant la guerre. Avant la guerre, le
service était obligatoire en principe, mais le contingent était fourni par le sort ; le service était rache-
table : ceux qui avaient pris un mauvais numéro,
comme on disait, — le « mauvais numéro » était celui
qui obligeait à servir la patrie, — présentaient un
remplaçant, s'ils avaient moyen de le payer. A de
rares exceptions près, ceux-là seuls servaient dans le
rang, qui ne pouvaient se soustraire au service.
Que cette ancienne armée ait été une très belle, vaillante et glorieuse armée, cela est certain et n'est pas
en question : il s'agit seulement de chercher si, les
institutions ayant changé, le principe du devoir militaire n'est pas en partie modifié.

Il ne peut pas ne pas l'être. Ce fait qu'autrefois on
s'exonérait du service avec de l'argent suffisait pour
que le service apparût comme une charge, et non
comme un devoir. Aujourd'hui, de par la loi, de par
la conscience nationale, il y a *devoir*. Notre régime
militaire est en accord et harmonie avec nos institutions ; il est celui d'un régime démocratique : la patrie
pour tous, tous pour la patrie.

Dès lors, le principal principe, le grand mobile,
c'est l'amour de la patrie.

D'autres mobiles demeurent assurément, qui aident
à l'accomplissement du devoir : le naturel mobile de
l'intérêt et de l'amour-propre, — il est très naturel

que l'on veuille faire son chemin et se distinguer des
autres, — et le mobile de l'honneur, qui est en toute
âme de vrai soldat. Mais l'intérêt et l'amour-propre,
mobiles naturels, sont des mobiles égoïstes; l'honneur
est un sentiment très noble, mais il n'est qu'une fière
et délicate estime de nous-mêmes; les sacrifices qu'il
commande sont des sacrifices envers nous, envers
notre « moi » noblement conçu. L'amour de la patrie
nous fait sortir de nous : le sacrifice qu'il commande,
c'est le sacrifice de notre personne.

Puisque l'amour de la patrie est un principe d'action, ne le laissons pas en notre âme à l'état de
sentiment généreux, poétique, mais vague : il faut,
pour qu'il ait toute sa force, sa force ferme, le préciser et le définir.

La patrie n'est pas une personne vague, elle a un
corps et elle a une âme. Elle est un fragment délimité
du sol terrestre : voilà le corps; elle est une fraction
déterminée de l'humanité : voilà l'âme. Elle a un
caractère particulier, physique et moral, qui la distingue des autres patries. Ce caractère, chacun de
nous le porte en soi : la patrie nous crée à son image.
Un Français diffère, au premier coup d'œil, d'un Anglais, d'un Allemand, d'un Russe. Nous avons donc
notre être à nous, et nous le devons à la patrie. Mais
la patrie, fraction de l'humanité, contribue, pour sa
part, par son génie propre, par ses idées, par ses actes
à l'œuvre humaine collective; elle a sa fonction dans
un ensemble. En servant la patrie, nous accomplissons
un devoir envers l'humanité, et par là même, de quelque façon que nous concevions Dieu dans la liberté de
nos consciences, un devoir envers Dieu.

Entre les patries, les plus grandes sont celles qui ont

rendu le plus de services à l'humanité. Il n'en est pas d'aussi grande que la France. Dans sa vie intérieure, elle jouit de la liberté politique et s'efforce de pratiquer la justice sociale ; au dehors, personne ne souffre par elle : elle n'a pas, comme l'Angleterre, une Irlande, comme la Prusse et la Russie et l'Autriche, une Pologne ; comme l'Allemagne, une Alsace. Hors d'Europe, là où elle domine des races inférieures, elle est humaine. Elle a seule cet honneur que ses idées et ses armes furent souvent libératrices et qu'elle a aidé des nations à naître.

Nulle part, l'amour de la patrie n'est aussi noble qu'en France. Le service militaire, quand il a son principe et sa raison dans un sentiment pareil, atteint sa pleine noblesse. Jamais donc ce service ne fut aussi noble qu'aujourd'hui.

A cette noblesse, tout le monde participe, depuis le soldat jusqu'au général en chef. L'armée forme une grande personne morale. Nécessairement la relation du supérieur avec l'inférieur n'est plus la même qu'autrefois : le droit de commandement et le devoir d'obéissance y persistent, mais il n'y a plus de place pour le dédain du supérieur à l'égard de l'inférieur : celui-ci n'est plus quelqu'un d'une autre classe, d'une autre sorte.

Le patriotisme est la grande source, aujourd'hui, de force morale. Sans la force morale, aucune armée ne sut jamais résister, ni vaincre, et la force morale est plus nécessaire aujourd'hui que jamais, étant donné notre régime militaire et les conditions de la guerre moderne. Avant la guerre, notre armée, par le mode de recrutement, par la longue durée du service, par les rengagements, par la présence des chevronnés, avait

un peu du caractère d'une armée professionnelle ; elle
avait une plus longue accoutumance à la discipline ;
elle était moins nombreuse, et, dans la paix comme
dans la guerre, mieux sous l'œil et dans la main.
Aujourd'hui, en campagne, il sera plus facile à chacun
d'écouter l'instinct de conservation. Il faut donc que
chacun ait en soi-même la raison de la discipline, la
connaissance, l'acceptation de son devoir, et cet élan,
sans lequel le nombre est impuissant et qui peut suppléer au nombre.

C'est parce que le devoir militaire est ainsi compris
que le régiment devient partout une école de patriotisme, où s'achève l'œuvre de l'école proprement dite.
Et, de cette armée animée de cette force morale, conduite en même temps par la force intellectuelle et
scientifique, la France peut espérer sa tranquillité, le
redressement de ses griefs légitimes, et la restauration
de sa gloire.

L'ARMÉE ROMAINE

SOUS LA RÉPUBLIQUE

Par M. GUIRAUD

DE L'UNIVERSITÉ DE PARIS

L'ARMÉE ROMAINE SOUS LA RÉPUBLIQUE

L'histoire de l'armée romaine se divise en deux
périodes : sous la République, Rome eut une armée
temporaire, composée de citoyens ; sous l'Empire, elle
eut une armée permanente, formée de soldats de
métier.

Nous l'examinerons aujourd'hui sous le premier de
ces deux aspects.

Pour se rendre compte de ce qu'était une armée
dans l'antiquité, il faut se rappeler ce qu'était alors
la guerre et quelles en étaient les suites ordinaires.
Dans les idées du temps, la victoire conférait au vainqueur tous les droits sur les personnes et sur les biens
des vaincus. Il pouvait exterminer la population ou la
réduire en esclavage, s'emparer non seulement des
propriétés publiques, mais même des propriétés pri-
vées, les détruire ou les garder pour lui. Maître
absolu de tout, hommes et choses, il en faisait l'usage
qu'il voulait (1).

---

(1) Voici quelle était la formule de la reddition à merci (*deditio*)
du peuple vaincu :

« Deditisne vos populumque, urbem, agros, aquam, terminos,
delubra, utensilia, divina humanaque omnia in meam populique
Romani dicionem ? » (Tite-Live, I, 38.)

Il résulte de là que plus un individu était élevé dans
la hiérarchie sociale, plus il devait collaborer à la
défense nationale, précisément parce qu'il avait plus
à perdre que les autres. Pour le riche et le pauvre,
l'enjeu de la guerre était la liberté et la vie ; mais
pour le riche c'était aussi sa fortune qui se trouvait en
cause. Il était donc naturel qu'on exigeât de lui un
surcroît d'efforts dans la lutte contre l'ennemi. L'État
étant une sorte de société d'assistance mutuelle, il
paraissait légitime que le concours de chacun fût pro-
portionné à ses risques.

C'est d'après ce principe que l'armée primitive de
Rome fut constituée.

D'abord tous les citoyens furent soldats, et il n'y
eut de soldats que les citoyens, de telle manière que
le service militaire était autant un droit qu'un devoir.

En outre, cette charge, loin d'être uniforme pour
tous, fut en corrélation étroite avec la richesse. Dans
la légion, les soldats étaient répartis d'après leur
avoir. La cavalerie ne s'ouvrait qu'aux plus riches. Au
premier rang de l'infanterie combattaient les citoyens
de la première classe, revêtus d'une armure complète,
casque, cuirasse, bouclier et jambières ; au second
rang étaient les hommes de la seconde classe, dé-
pourvus de cuirasse ; au troisième rang, ceux de la
troisième, sans cuirasse ni jambières ; au quatrième
rang, ceux de la quatrième classe, avec de simples
javelots ; la cinquième classe ne fournissait que des
troupes légères, ayant pour toute arme des frondes et
des pierres ; enfin les citoyens les plus pauvres, appelés « prolétaires », étaient exemptés du service (1).

_____

(1) Tite-Live dit du roi Servius Tullius : « Censum instituit ex

Ainsi la légion offrait une image fidèle de la société elle-même. Les différentes catégories de soldats correspondaient exactement aux différentes catégories de citoyens, et chaque citoyen occupait dans la ligne de bataille une place telle que les riches étaient les plus exposés aux coups de l'ennemi, comme si l'on eût voulu que tout le poids de la lutte tombât de préférence sur ceux qui, en vertu de leur condition sociale, étaient les plus intéressés à la victoire.

Dans la suite, les nécessités de la guerre amenèrent de graves dérogations à toutes ces règles; néanmoins, il subsista toujours quelque chose du principe ancien.

Quand Rome eut commencé ses conquêtes et qu'elle posséda des sujets, elle songea à en tirer parti pour accroître ses effectifs ; elle alla même si loin dans cette voie que l'usage s'établit d'enrôler en moyenne, pour l'infanterie, autant de sujets que de Romains, et pour la cavalerie trois fois plus des premiers que des seconds (1). Mais les sujets ne furent jamais reçus dans les cadres de la légion ; ils formèrent à côté d'eux des corps spéciaux que l'on tenait en moindre estime. Il en fut de même des contingents que l'on demandait aux peuples et aux rois alliés.

D'autre part, il arriva un moment où l'organisation de la légion n'eut plus rien de commun avec l'organisation sociale et où les soldats y furent rangés, non plus d'après leur fortune, mais d'après leur force, leurs aptitudes, leurs années de service. Ce fut là une révolution capitale dans le système militaire des Ro-

---

quo belli pacisque munia pro habitu pecuniarum fierent. » (1, 42.)
Puis il décrit l'organisation de la légion comme ci-dessus.

(1) Polybe, VI, 26, 7.

mains. Il semble qu'on aurait dû, dès lors, recruter
l'armée parmi tous les citoyens indistinctement. On
continua pourtant d'exiger des légionnaires un certain
cens. Le chiffre, il est vrai, n'en fut pas élevé, puisqu'il atteignait à peine 400 francs (1) ; il suffisait cependant pour écarter les indigents. Quiconque n'avait
rien ou presque rien était réputé indigne de défendre
la patrie ; c'est tout au plus si l'on consentait à l'employer, sur terre comme tirailleur, sur mer comme
matelot.

Chaque année, même en temps de paix, Rome mettait sur pied quatre légions pour parer à toutes les
éventualités. En temps de guerre, c'était au Sénat
qu'incombait le soin de fixer les effectifs. Ainsi, au
cours de la lutte contre Hannibal, on n'eut pas moins
de vingt-trois légions sous les armes (2) ; ce qui représente un total d'environ 100,000 hommes (3), sans
compter les auxiliaires, qui étaient encore plus nombreux.

Le recrutement se faisait d'après un procédé assez
compliqué, dont voici les principaux traits (4).

L'opération était présidée par un consul, c'est-à-dire
par le général en chef, assisté de ses officiers supérieurs. Les noms des conscrits n'étaient pas tirés au
sort ni appelés dans un ordre déterminé. Sur la liste
des citoyens bons pour le service, le consul choisissait

---

(1) Polybe, VI, 19, 2.

(2) Ce chiffre fut atteint en 212 av. J.-C., en 211, en 207.

(3) L'effectif de la légion a beaucoup varié. (Voir Marquardt,
Organisation militaire des Romains, p. 22-23 de la trad. franç.)

(4) Polybe, VI, 19 et 20. Cf. Cagnat, dans le *Dictionnaire des
Antiquités,* au mot *Dilectus.*

à sa guise; il avait à cet égard un pouvoir discrétion-
naire. On évitait autant que possible de prendre des
hommes mariés. Par contre, on avait une tendance
bien naturelle à lever d'anciens soldats. Il n'était pas
rare, par conséquent, qu'un individu fût enrôlé plus
fréquemment que son voisin, et cela sans autre motif
que le caprice du consul. Parfois il y avait des tenta-
tives de résistance qu'appuyaient volontiers les tribuns
du peuple. Mais le consul avait un moyen très simple
d'y couper court, c'était de se transporter hors de la
ville, au Champ de Mars; les tribuns du peuple
n'avaient pas accès en ce lieu, et les récalcitrants,
livrés à eux-mêmes, étaient contraints d'obéir. Des
peines très dures frappaient les réfractaires; c'étaient
l'amende, la prison, les coups de bâton, la confisca-
tion du bétail et des instruments de culture, le ravage
des champs et même la vente comme esclave. Le
conscrit ne savait jamais combien de temps il demeu-
rerait sous les drapeaux ni à quelle date il rentrerait
chez lui. Son absence durait tantôt plusieurs mois,
tantôt plusieurs années. Tout dépendait de la décision
du Sénat, et le Sénat hésitait souvent à congédier des
soldats éprouvés pour les remplacer par des recrues
inexpérimentées (1). Il n'y avait qu'une limite à son
arbitraire. Quiconque avait à son actif dix campagnes
dans la cavalerie ou vingt dans l'infanterie était délié
de toutes ses obligations militaires. Sauf cette réserve,
le citoyen restait à la disposition de l'État depuis
17 ans jusqu'à 46.

On voit que les Romains se préoccupaient médio-

_____

(1) Voir, par ex., Tite-Live, XXXIX, 38; XL, 35-36. Cf. Wil-
lems, _Le Sénat de la république romaine_, II, p. 622.

crement de distribuer les charges du service entre les citoyens d'après les règles strictes de l'équité. L'important à leurs yeux était que l'armée fût forte et solide, fallût-il pour cela violer le principe d'égalité. Partant de cette idée que le salut de l'État était la loi suprême, ils sacrifiaient tout à l'intérêt public, même la justice, pour peu que les deux choses leur parussent inconciliables. Ils estimaient qu'à la guerre l'essentiel est d'adopter les mesures qui conduisent le plus sûrement à la victoire ; de là, la faculté laissée au général en chef de recruter son armée à peu près comme il lui plaisait ; de là encore la faculté laissée au Sénat de retenir les bons soldats aussi longtemps qu'il le jugeait utile. Des pratiques semblables seraient tout à fait déplacées dans une démocratie comme la nôtre ; car, sous un régime pareil, le citoyen le plus humble a grand'peine à tolérer qu'on le traite plus durement qu'autrui. Elles ne se conçoivent que dans une monarchie absolue ou sous un gouvernement aristocratique, c'est-à-dire dans des sociétés où la volonté, soit d'un homme, soit d'une classe privilégiée, est assez puissante pour régenter à sa guise la multitude et s'affranchir envers elle de tout scrupule.

Il y avait dans la légion deux espèces d'officiers : les centurions et les tribuns militaires. Les premiers, au nombre de soixante, commandaient chacun une compagnie ; les seconds, au nombre de six, commandaient à tour de rôle toute la légion. Les centurions sortaient tous des rangs et ne pouvaient jamais s'élever plus haut. Il existait bien entre eux une certaine hiérarchie (1) ; mais on ne connaît pas un seul centu-

_____

(1) Marquardt, p. 65-73.

rion qui soit devenu tribun. Les plaisanteries qu'on
faisait habituellement sur leur compte attestent la
vulgarité de leur origine et de leurs mœurs (1). Les
tribuns militaires étaient, au contraire, des fils de
famille, nobles ou riches, qui arrivaient d'emblée à ce
grade, après avoir figuré peu de temps dans la cavalerie ou dans la suite d'un général en chef (2).

C'est encore le propre d'une société aristocratique
que de réserver à la haute classe les grades supérieurs
de l'armée et il ne paraît pas qu'en soi le système soit
mauvais ; témoin la vieille France et la Prusse contemporaine. Mais le noble qui en Prusse pénètre dans
le corps des officiers, ne débute pas par le grade de
colonel ; il faut qu'il fasse, au préalable, un long
apprentissage de son métier, d'abord dans une école
militaire, puis dans les grades inférieurs. A Rome, rien
de pareil. Là, on voyait des jeunes gens de dix-huit à
vingt ans placés directement à la tête d'une légion de
4,000 à 5,000 hommes, et dès lors on est en droit de
se demander s'ils étaient réellement aptes à remplir
leur emploi. Bien que l'art de la guerre fût à cette
époque peu compliqué, j'imagine que la plupart
étaient au-dessous de leur tâche et que leur autorité
était souvent nominale. Divers indices tendent à démontrer que les véritables chefs de la légion étaient
les centurions, c'est-à-dire des officiers d'âge mûr et
d'expérience, soigneusement recrutés parmi l'élite des
soldats. C'est surtout par les cadres que valait la
légion ; c'est de là qu'elle tirait sa force.

Ces cadres, d'ailleurs, n'avaient rien de permanent.

---

(1) *Varicosi centuriones, gens hircosa centurionum.*
(2) Marquardt, p. 62-63.

La légion levée en vue d'une expédition déterminée était licenciée aussitôt après, et ceux qui la composaient, officiers et soldats, rentraient immédiatement dans la vie civile. Il n'y avait pas, en un mot, de carrière militaire. L'officier n'était pas propriétaire de son grade ; il le conservait quelques mois, quelques années au plus, et il le perdait à l'heure même où il retournait dans ses foyers. Si, plus tard, il était remis en activité, ce n'était pas comme centurion, c'était comme soldat. J'ajoute cependant que le commandant en chef, de qui dépendaient les nominations, avait généralement la sagesse de choisir pour centurions des individus qui l'avaient déjà été ; mais il n'y était nullement obligé.

Voici, à titre de spécimen, quels furent les états de service d'un certain Ligustinus, au second siècle avant J.-C. (1). Conscrit en 200, il alla faire campagne en Macédoine, et au bout de deux ans il fut promu centurion ; c'est en cette qualité qu'il reçut son congé. En 195, il s'engagea dans l'armée d'Espagne, où il obtint, toujours comme centurion, un petit avancement. En 191, nouvel engagement et nouvel avancement dans l'armée d'Asie. Il fut ensuite rappelé quatre fois sous les drapeaux, et chaque fois avec le grade de 1er centurion de la légion. Néanmoins, en 171, le consul aurait eu le droit de l'inscrire parmi les simples soldats, et ce fut par faveur qu'on lui rendit son grade antérieur.

Ce que je dis des officiers subalternes était vrai également des officiers supérieurs. Les tribuns étaient encore moins que les centurions des soldats de profes-

_____

(1) Tite-Live, XLII, 34.

sion. Ils entraient dans l'armée non par goût, mais par nécessité. La loi exigeant de tout candidat aux fonctions publiques un certain nombre d'années de service militaire (1), ils sollicitaient cet emploi pour se mettre en règle ; mais la plupart le considéraient comme la porte qui conduisait aux magistratures de l'État, et ils avaient bien soin de ne pas s'y attarder.

Les généraux eux-mêmes n'étaient que des militaires d'occasion. Toutes les armées étaient commandées par des consuls ou des préteurs. Or, ceux-ci étaient avant tout des agents du pouvoir exécutif. A ce titre, ils réunissaient dans leurs mains les attributions politiques, judiciaires, administratives et militaires. Pendant la paix, ils n'étaient que des magistrats civils ; pendant la guerre, ils se transformaient instantanément, et sans que rien fût changé à leur compétence, en chefs d'armée. Parmi ces généraux improvisés, il y avait sans doute beaucoup d'incapables ; mais ceux qui se défiaient de leurs talents stratégiques avaient la précaution d'emmener avec eux des collaborateurs officieux, qui se chargeaient de leur enseigner leur métier et, au besoin, de les suppléer. Le cas devait être assez commun ; car nous voyons dans Salluste Marius prodiguer ses sarcasmes à ces consuls qui, s'éveillant un beau matin avec une guerre sur les bras, s'empressent de lire les traités des spécialistes et d'appeler auprès d'eux un bon officier qui leur serve de Mentor (2).

Les anciens sont unanimes à vanter l'excellente dis-

---

(1) Polybe, VI, 19, 4.
(2) Salluste, *Jugurtha*, 85, 12.

cipline qui régnait dans les armées romaines. Au moment où il était enrôlé, chaque soldat, chaque officier
prêtait serment d'obéir en toute circonstance aux ordres de son chef, et ainsi tous se liaient à lui par un
engagement solennel, dont la rupture équivalait à un
véritable sacrilège (1). Pour les rappeler au respect de
leurs devoirs, le général avait à sa disposition tout un
arsenal de peines, qu'il appliquait souvent avec la dernière rigueur. C'étaient la privation de solde et de
nourriture, la prolongation et l'aggravation du service,
des flétrissures et des dégradations diverses, des châtiments corporels, enfin la mort. Si un détachement
se rendait tout entier coupable du même délit, il était
décimé, c'est-à-dire qu'un homme sur dix ou sur vingt,
désigné par le sort, avait la tête tranchée (2). On ne
témoignait pas plus d'indulgence aux officiers qu'aux
soldats ; les plus élevés en grade pouvaient être condamnés même à l'ignominie de la bastonnade, et l'on
en cite qui furent l'objet d'une sentence capitale pour
avoir vaincu l'ennemi sans permission.

Voici quelques mesures disciplinaires que je relève
dans les auteurs :

« Scipion Nasica, pour conjurer les mauvais effets
de l'oisiveté pendant l'hiver, employa ses soldats à
construire des navires, bien qu'il n'eût pas besoin d'une
flotte. Q. Métellus prescrivit à cinq cohortes de reprendre une position qu'elles avaient abandonnée à
l'ennemi, déclarant qu'il ne les reverrait qu'après la
victoire. Le consul Cotta, averti qu'un de ses parents,

---

(1) Polybe, VI, 21, 2 et 3.
(2) Marquardt, p, 320-321.

chargé du siège de Lipara, avait laissé envahir son
camp, lui infligea le supplice des verges et le relégua
dans l'infanterie, parmi les hommes de troupe. Curion,
à la nouvelle qu'une de ses cinq légions reculait devant
une opération hasardeuse et refusait de marcher, la fit
défiler, sans armes, sous les yeux des quatre autres
rangées en bataille, et l'envoya d'abord couper du
fourrage, puis travailler au fossé du camp ; il lui en-
leva ses enseignes, abolit son nom et la répartit dans
le reste de son armée. »

En 340 avant J.-C , Manlius, fils du consul, avait
défait et tué sans autorisation un chef latin dans un
combat singulier. Cette incartade fut punie de la façon
suivante : « Manlius, raconte Tite-Live, rentre au camp
avec son escadron qui l'acclame, et se dirige vers la
tente de son père : « Pour prouver à tous, lui dit-il,
« que je suis de ton sang, je t'apporte les dépouilles
« d'un cavalier qui m'avait provoqué et que j'ai tué. »
A ces mots, le consul se détourne de son fils et ras-
semble l'armée. Dès qu'elle s'est réunie, il dit : « T.
« Manlius, puisque sans respect pour l'autorité con-
« sulaire et pour la puissance paternelle, tu as com-
« battu, malgré notre défense, hors des rangs ; puisque
« tu as détruit, autant qu'il était en toi, la discipline
« militaire qui, jusqu'à ce jour, a fait la force de
« Rome ; puisque tu m'as réduit à la nécessité de sa-
« crifier ou la République, ou ma famille et moi avec
« elle, mieux vaut expier nous-mêmes nos torts que
« de les faire payer si cher à la République. Nous se-
« rons un exemple lamentable, mais salutaire, pour
« nos successeurs. Sans doute, la tendresse naturelle
« d'un père et cette marque de ta valeur égarée par
« un vain fantôme de gloire devraient m'attendrir en

« ta faveur ; mais puisqu'il faut que ta mort sanc-
« tionne les arrêts des consuls ou que ton impunité les
« annule à jamais, toi-même, si tu es de mon sang, tu
« n'hésiteras pas à rétablir par ton supplice la disci-
« pline que ta faute a ébranlée. Va, licteur, attache-le
« au poteau. » En entendant cet ordre si atroce, tous
demeurèrent anéantis. Mais quand la foule vit la tête
tomber et le sang couler, elle sortit de sa stupeur et
de son morne silence ; les plaintes et les cris éclatèrent
librement et on ne ménagea au consul ni les reproches
ni les imprécations. » Malgré tout, néanmoins, ajoute
l'auteur, « la sévérité du châtiment rendit le soldat
plus docile. Les gardes, les factions de jour et de nuit,
tout le service enfin s'accomplit dès lors avec plus de
soin et de régularité ; et quand eut lieu la bataille dé-
cisive, on recueillit le fruit de la condamnation prononcée par le consul » (1).

Ce n'était pas seulement par la contrainte, c'était
aussi par l'appât des récompenses qu'on stimulait le
courage des soldats. On leur décernait, suivant les
cas, des armes d'honneur, des couronnes, des décora-
tions de tout genre, qu'ils avaient le droit de placer à
l'endroit le plus apparent de leur maison et de porter
dans les cérémonies publiques. Si l'un d'eux avait
sauvé la vie de quelque camarade, celui-ci était obligé
à perpétuité de le vénérer comme un père et de remplir envers lui les devoirs d'un fils (2). On ne se con-
tentait pas de ces avantages purement honorifiques ;
on y joignait volontiers, après la victoire, des gratifi-

---

(1) Tite-Live, VIII, 7.
(2) Polybe, VI, 39.

cations pécuniaires, même des concessions de terre, et on s'efforçait de satisfaire à la fois chez ces hommes deux sentiments qu'ils ne séparaient jamais, l'amour de la gloire et l'amour du gain. Les officiers de tout grade avaient part également à ces faveurs. Quant au général en chef, sa suprême ambition était de mériter à son retour le triomphe.

Le triomphe était la plus belle des fêtes célébrées à Rome. Il consistait en un immense cortège qui, parti du Champ de Mars, pénétrait dans la ville, et, au milieu des acclamations de la foule échelonnée sur son passage, montait au Capitole. En tête marchaient les sénateurs et les magistrats, accompagnés d'une musique militaire. Après eux défilaient les objets précieux qu'on avait enlevés à l'ennemi : armes, enseignes, couronnes, statues, tableaux, vases, or et argent monnayé ou en lingots, tout cela avec les représentations figurées des pays conquis et des forteresses prises. On voyait ensuite apparaître les victimes destinées au sacrifice, ordinairement des taureaux blancs, au nombre de cent et plus. Des captifs de choix, même des rois et des reines, étaient là pour attester par leur humiliation l'éclat de la victoire, et il n'était pas rare qu'à un moment donné on les détachât du cortège pour les livrer au bourreau. Une escorte de licteurs, une musique et une troupe de danseurs annonçaient enfin l'approche du triomphateur. Il était assis sur un char attelé de quatre chevaux. Il avait revêtu un costume identique à celui de Jupiter Capitolin et il tenait dans sa main droite une branche de laurier, dans sa main gauche un sceptre d'ivoire. Ses plus jeunes enfants étaient à ses côtés, sur le char même, tandis que les autres caracolaient tout autour avec ses officiers supérieurs. Derrière lui se pressait l'armée, chantant des hymnes nationaux et des chansons guerrières, mêlées, suivant un vieil usage, de brocards satiriques à l'adresse de son chef. Arrivé au Capitole, le général offrait au souverain des dieux ses remerciements, ses prières et ses présents; puis il présidait un banquet auquel assistaient les autorités de l'État, et, le soir, il était reconduit chez lui au son des flûtes. La gloire du triomphe n'était pas seulement pour celui qui en était l'objet; elle rejaillissait sur ses troupes et sur la République entière (1). Ce jour-là, Rome s'admirait elle-même dans son œuvre, et son patriotisme s'exaltait à la pensée des grandes actions que lui rappelait un tel spectacle. La fête était vraiment pour elle une leçon de choses, la plus noble et la plus efficace de toutes, et l'impression que chacun en ressentait développait chez ce peuple les qualités qui ont fait de lui le maître du monde (2).

Ce n'était pas trop de tout ce système de récompenses et de peines pour assurer la cohésion d'une armée que travaillaient plusieurs causes de dissolution.

L'armée romaine n'était, en somme, qu'une garde nationale, et les gardes nationales ne sont pas un instrument facile à manier. Le citoyen réclamé accidentellement pour un service de courte durée n'a pas le temps de rompre avec les habitudes de la vie civile; il reste sous les drapeaux ce qu'il était la veille; il n'ou-

---

(1) Marquardt, p. 332 et suiv.

(2) Un consulaire disait un jour au peuple : « Erratis, si triumphum imperatoris tantum et non militum quoque et universi populi Romani esse decus censetis. » (Tite-Live, XLV, 38.)

blie ni les affections ni les intérêts qu'il a laissés derrière lui et qui souffrent de son absence, et, quelle que
soit sa bonne volonté, il n'est guère d'humeur à pro-
longer son séjour dans le camp au delà du strict nécessaire. Accoutumé à un régime de libertés publiques,
il conserve une indépendance d'esprit et de langage
qui va parfois jusqu'à l'insubordination ; il se plie
malaisément aux rigueurs de l'obéissance passive ; il
discute avec ses chefs, il prétend leur imposer ses ca-
prices. Les soldats romains eurent fréquemment tous
ces travers.

Ce qui risquait d'aggraver le mal, c'était la prise
qu'ils avaient sur leurs chefs. Chez nous, un officier
n'a rien à redouter ni à attendre de ses hommes. A
Rome, au contraire, le tribun militaire qui allait bientôt débuter dans la carrière politique voyait en eux ses
futurs électeurs, et il était naturellement soucieux de
gagner leurs sympathies. J'en dirai autant du général
qui avait encore quelque chose à ambitionner pour lui
ou pour les siens. Le caractère mixte du soldat, qui
était citoyen en même temps que soldat, et qui, selon
qu'il portait la cuirasse ou la toge, était assujetti à ses
chefs ou juge de leur conduite, favorisait le relâche-
ment de la discipline (1). Il n'est jamais prudent de
placer un homme entre son devoir et son intérêt ; car
il faut une force d'âme peu commune pour donner
toujours la préférence au premier.

Heureusement, cette énergie morale n'était pas rare
chez les généraux romains, et on en connaît plus d'un
qui affronta vaillamment l'impopularité plutôt que

_____

(1) Voir, par ex., Tite-Live, XLV, 35.

d'avilir son autorité par de basses complaisances. Heureusement aussi, cette société et l'armée qui en était l'image demeura longtemps animée du meilleur esprit. Elle avait le sentiment de la hiérarchie et le respect de l'autorité. L'aristocratie qui la gouvernait lui inspirait pleine confiance. Elle ne mettait rien au-dessus de la patrie, et pour elle, pour sa grandeur comme pour son salut, elle était prête à tous les sacrifices, si bien qu'un moyen infaillible d'arrêter les discordes civiles était de dénoncer le profit que l'étranger pouvait en tirer. Toutes ces qualités corrigeaient amplement les vices inhérents à l'organisation militaire de Rome et atténuaient dans une large mesure les inconvénients qui résultaient de la composition des légions.

Il ne fallait pas demander à ces troupes la fougue, l'impétuosité ni l'audace. Ce qui les distinguait principalement, c'était un courage calme et tranquille, une solidité inébranlable, une ténacité que rien ne lassait. Les centurions, nous dit un ancien, « étaient plus propres à la défensive qu'à l'attaque, et ils aimaient mieux mourir que de reculer » (1). Tel était, pour les Romains, l'idéal du soldat; c'est sur ce modèle qu'ils s'appliquaient à le former.

Un des problèmes les plus ardus de la politique est celui qui consiste à faire coexister dans un État un gouvernement de liberté et une puissante armée.

A Rome, il s'était résolu de lui-même, à cause du caractère particulier de l'armée, plus semblable à une milice qu'à une armée véritable, puisqu'elle ne com-

---

(1) Polybe, VI, 24, 9.

prenait que des citoyens enrôlés pour un court espace
de temps. Mais à la longue tout changea. Tandis que
la République marchait insensiblement vers l'anarchie, et par suite vers le despotisme qui en est la conséquence nécessaire, une révolution parallèle s'accom-
plissait dans l'ordre militaire. La diminution de la
classe moyenne, la répugnance des gens aisés pour les
armes, la fréquence et la durée des expéditions lointaines, toutes ces raisons, que je puis à peine énumérer, obligèrent de plus en plus les généraux à
recruter leurs troupes dans les bas-fonds de la
société (1). Là ils trouvaient autant de bras qu'ils en
voulaient, vu les difficultés qu'éprouvaient les pauvres
à disputer un peu de travail aux esclaves, et ainsi
naquit une profession que les Romains ignoraient
auparavant, celle de soldat. Désormais on se fit soldat
pour vivre et pour s'enrichir. Le butin de guerre, les
distributions d'argent, les donations de terres étaient
pour ces mercenaires une source d'abondants bénéfices, sans parler des gains plus ou moins illicites qui
provenaient du vol, du pillage, et même du trafic
auquel ils se livraient en pays conquis. Tous ces avantages les attachaient fortement à leur métier, et ils
ne demandaient pas mieux que de l'exercer indéfini-
ment.

Il y avait néanmoins des intermittences. L'armée,
en effet, n'était pas encore permanente, et il fallait
bien licencier les légions après chaque campagne.

---

(1) L'auteur de cette grave innovation fut Marius, au moment de
la guerre de Jugurtha (107 av. J.-C.) : « Ipse interea milites scri-
bere, non more majorum, sed uti cujusque lubido erat, capite cen-
sos plerosque. » (Salluste, *Jug.*, 86.)

3

Mais, à la première occasion, les vétérans accouraient
en masse pour reprendre du service, en sorte qu'à
leurs yeux, contrairement aux idées anciennes, la vie
normale était non pas la vie civile, mais la vie militaire. Soldats par goût et par besoin, ils n'étaient
citoyens que de nom, et ce nom même, qu'on était
jadis si fier de porter, ils le considéraient presque
comme une injure (1). Les libertés publiques, les lois,
les autorités régulières leur étaient à peu près indifférentes; ils ne connaissaient que leur général, c'est-à-
dire l'homme qui leur procurait de la gloire et du
bien-être, et comme ils attendaient tout de lui, ils cherchaient à l'élever très haut, pour qu'il fût en mesure
de répandre sur eux de plus larges libéralités (2).

Cet esprit si nouveau de l'armée était pour les am-
bitieux un fâcheux encouragement. Autrefois, nul
n'aurait songé à dominer dans Rome, parce que nul
n'aurait su quel moyen employer pour y réussir. Ce
moyen, les légions le fournirent au Ier siècle avant
notre ère. Désormais, quiconque prétendait se rendre
maître de l'État n'avait qu'à se faire donner le commandement d'une armée. S'il avait assez de talent ou
d'habileté pour lui persuader qu'elle était directement
intéressée à le seconder, il pouvait la conduire à l'assaut de la République et, avec son aide, détruire la
Constitution. Le seul danger à craindre, c'était que

---

(1) On sait que les soldats de César s'indignèrent une fois qu'il
les appelât *Quirites*.

(2) Salluste dit dans le passage cité plus haut : « Homini poten-
tiam quærenti egentissumus quisque opportunissumus, cui neque sua
cara, quippe quæ nulla sunt, et omnia cum precio honesta
videntur ».

quelque rival ne se jetât en travers de ses desseins ; mais alors tout se ramenait à une guerre ouverte entre les deux adversaires.

C'est ainsi, en effet, que les choses se passèrent. Successivement, Sylla et Marius, César et Pompée, Octave et Antoine, se disputèrent par les armes l'autorité absolue, et la République appartint à ceux qui furent vainqueurs sur les champs de bataille. C'est par l'armée que Sylla et César s'emparèrent de la dictature, et c'est par elle qu'Octave fonda l'Empire. Jamais une milice de citoyens n'aurait prêté les mains à une révolution semblable. Pour l'opérer, il fallait des soldats qui eussent perdu toute notion de la vie civile et qui fussent en dehors de la société (1).

---

(1) Tout cela a été admirablement mis en lumière par Fustel de Coulanges dans la *Revue des Deux Mondes*, 15 novembre 1870.

L'ARMÉE ROMAINE

SOUS L'EMPIRE

Par M. GUIRAUD

DE L'UNIVERSITÉ DE PAR

L'ARMÉE ROMAINE SOUS L'EMPIRE

Le premier des empereurs romains, Auguste, créa l'armée permanente.

En accomplissant une réforme que les événements antérieurs avaient déjà préparée, il n'obéit pas à une pensée d'ambition. Ce n'est pas pour conquérir qu'il voulut avoir constamment sous la main une masse considérable de troupes prêtes à marcher. Il fut, et la plupart de ses successeurs furent comme lui des princes pacifiques, et malgré l'extension que reçut, au cours de ces trois ou quatre siècles, la puissance romaine, ils se tinrent généralement sur la défensive. Solidement établis sur le Rhin, le Danube et l'Euphrate, ils bornèrent leurs soins à garantir cette frontière contre les attaques des barbares, et si parfois ils empiétèrent au delà, ce fut, sauf de rares exceptions, pour soumettre les régions limitrophes à leur protectorat, et non pour les absorber. Les soldats furent échelonnés le long de ces trois fleuves, dans des camps retranchés qui, plus tard, devaient donner naissance à des villes. Il n'y eut pas de garnisons dans l'intérieur du pays (1). Le maintien de l'ordre public

---

(1) Dans toute la Gaule, il n'y avait (en dehors des légions du Rhin) que 1200 hommes, détachés de la garnison de Rome à Lyon.

était suffisamment assuré par les milices locales, et quand par hasard des troubles graves éclataient sur quelque point du territoire, les légions voisines envoyaient des détachements pour les réprimer.

L'armée se composa, comme par le passé, de deux éléments distincts : les légions et les corps auxiliaires.

Les légions continuèrent de se recruter parmi les citoyens ; mais il est clair qu'on n'eut plus égard à la fortune ni à la condition sociale. Les pauvres y furent accueillis au même titre que les riches, et ce fut surtout la basse classe qui fournit dorénavant les soldats. Un historien va jusqu'à dire que, si les indigents n'avaient pas eu cette ressource, ils auraient été obligés de vivre de brigandage (1).

L'enrôlement se faisait à la fois par les engagements volontaires et par la conscription.

Ordinairement, le premier procédé suffisait. On a calculé, en effet, qu'il fallait en moyenne vingt mille recrues par an pour combler les vides (2), et il se trouvait toujours dans cette société à esclaves un grand nombre de misérables et d'aventuriers pour qui le service militaire était un débouché très envié (3).

C'est principalement à la veille d'une expédition importante ou à la suite d'un désastre national qu'on avait recours à la conscription. Ce système engendrait de graves abus. On ne se préoccupait pas de répartir équitablement cette charge entre les citoyens. Quand il avait besoin d'hommes, l'empereur désignait les

---

(1) Dion Cassius, LII, 27.

(2) Mommsen, *Hermès*, XIX, p. 4.

(3) Tacite, *Annales*, IV, 4 : « Plerumque inopes ac vagi sponte militiam sumunt. »

provinces où l'opération aurait lieu, et il ne se gênait
pas pour désigner souvent les mêmes, épargnant ainsi
les unes et frappant lourdement les autres ; puis, dans
chacune d'elles, les agents du recrutement choisis-
saient qui ils voulaient.

On devine aisément les plaintes que provoquait un
pareil arbitraire, accru encore par la vénalité des
fonctionnaires (1). Aussi mettait-on tout en œuvre
pour y échapper : on s'enfuyait dans les champs, on
se cachait dans les ateliers d'esclaves, on se coupait le
pouce (2), on bravait les peines terribles que la loi
édictait contre les réfractaires ; tant on avait de répugnance pour une corvée que le gouvernement avait
rendue odieuse par la manière dont il l'imposait !

Il y eut à ce sujet une lutte de tous les instants
entre la population et le pouvoir impérial, et ce fut le
pouvoir impérial qui dut peu à peu céder, malgré son
omnipotence. C'étaient les Italiens qui témoignaient
le plus d'aversion pour le métier des armes ; dès le
milieu du Ier siècle, on cessa en général de les incor-
porer dans les légions, sauf pour en faire des sous-
officiers ou des officiers subalternes (3). Bientôt après,
on autorisa les remplacements (4). On enfreignit la
règle qui, depuis un temps immémorial, réservait aux
citoyens l'entrée de la légion ; on y introduisit des
provinciaux qui n'avaient pas le droit de cité romaine ;
mais, pour accorder une apparence de respect à la loi

(1) Tacite, *Histoires*, IV, 14.
(2) Suétone, *Auguste*, 24 ; *Tibère*, 8.
(3) Jullian, *Les transformations politiques de l'Italie sous les empereurs romains*, p. 54 et suiv.
(4) Pline le Jeune, *Lettres*, X, 30.

3.

qu'on violait, on créa d'emblée citoyen tout provin-
cial qu'on appelait sous les drapeaux (1). On alla
même plus loin : dans certains cas, on ne craignit pas
de lever des esclaves qu'on affranchissait tout exprès,
et les propriétaires livrèrent comme soldats ceux qu'ils
ne se souciaient pas de garder comme esclaves (2).

Le nombre total des légions varia de vingt-cinq à
trente-trois, avec un effectif nominal de 6,000 hommes ;
mais ce n'étaient pas là les seules forces de l'Empire.
Il y avait à peu près autant d'auxiliaires, pris pour la
plupart dans la masse des provinciaux qui n'avaient
pas la qualité de citoyens, ou parmi les barbares
alliés. On les recrutait de la même façon que les
légionnaires, mais peut-être avec moins de difficultés,
car les populations d'où on les tirait étaient moins
civilisées et plus belliqueuses.

En somme, à n'envisager que le mode de recrutement, l'armée impériale, loin d'être l'image de la
nation, n'en était guère que le rebut. Il semble
qu'avec des éléments si disparates et d'ordre si inférieur, il fût impossible de constituer des troupes vail-
lantes, dociles et solides. Mais telle était la puissance
des traditions militaires qu'on réussit dans cette délicate entreprise.

D'abord on fixa la durée normale du service à vingt
ans pour les légionnaires et à vingt-cinq pour les
auxiliaires; souvent même, dans la pratique, cette
limite était dépassée (3). Le soldat arrivait au corps

---

(1) Aristide, I, p. 252. (Édit. Dindorf.)
(2) Végèce, I, 7.
(3) Marquardt, p. 282-283.

entre la dix-huitième et la vingt-deuxième année, et il
n'en sortait plus qu'à un âge assez avancé. Il oubliait
bien vite ses origines, n'ayant rien pour les lui rappeler, ni intérêts matériels, puisqu'il était pauvre, ni
affections durables, puisqu'il n'avait pas eu le temps
de fonder une famille. Désormais, il n'avait d'autre
famille que sa compagnie et sa légion, d'autres maîtres que ses chefs, d'autres lois que leurs volontés.
Étranger à la société civile, dont il s'était brusquement et définitivement détaché, il concentrait toutes
ses pensées sur le métier militaire, et ses habitudes se
marquaient à l'empreinte d'une profession dont l'action sur l'âme est peut-être la plus exclusive de toutes.
Après quelques années d'une existence pareille, on devenait forcément un vieux grognard, avec tous les travers et aussi toutes les qualités que comporte ce terme.

Le pire des fléaux pour une armée, c'est l'oisiveté.
La troupe a besoin d'être toujours tenue en haleine
par la proximité de l'ennemi ou par la perspective de
la guerre, et rien n'est plus propre à la démoraliser
qu'une paix prolongée ou une trop grande sécurité.
Les légions du Rhin et du Danube vivaient en contact
perpétuel avec les barbares; aussi étaient-elles les
meilleures de l'Empire. Celles d'Orient, au contraire,
étaient souvent inoccupées, parce que cette frontière
était rarement menacée, et, par suite, elles s'endor-
maient volontiers dans la mollesse et l'indiscipline (1);
mais, pour peu qu'elles eussent affaire à un chef énergique, elles rentraient promptement dans le devoir.

Voici, d'après Tacite, comment Corbulon, un géné-

---

(1) Tacite, *Annales*, XIII, 35; Fronton, p. 206. (Édition Naber.

ral du Ier siècle, traita les soldats de Syrie, qu'il avait
trouvés en pleine désorganisation. « Toute l'armée
campa sous la tente, malgré l'extrême rigueur de
l'hiver. La terre était durcie au point qu'il fallait la
creuser avec le fer pour y enfoncer les pieux. Beaucoup d'hommes eurent les membres gelés et plusieurs
moururent en sentinelle. Il y en eut un qui, en portant
une fascine, eut les mains tellement raidies par le froid
qu'elles s'attachèrent à ce fardeau et tombèrent de ses
bras mutilés. Corbulon, vêtu légèrement, la tête nue,
se multipliait dans les marches, dans les travaux, don-
nant l'exemple à tous. Cependant la dureté du climat
et celle du service rebutèrent les soldats et une foule
d'entre eux désertaient. On eut recours alors à la
sévérité. Dans les autres armées, on excusait une première, une seconde faute. Sous Corbulon, quiconque
abandonnait son drapeau était sur-le-champ puni
de mort. Cette sévérité fut salutaire et l'on remarqua
qu'elle valait mieux que la clémence (1). »

Il était rare, d'ailleurs, qu'on fût obligé d'en arriver
là. D'ordinaire il suffisait, pour entretenir le bon
esprit de l'armée, de veiller à l'application des règlements militaires. Tout était prévu, en effet, pour empêcher que le soldat restât inactif. D'abord les exercices étaient si nombreux et si variés qu'ils lui prenaient une bonne partie de son temps : c'étaient la
manœuvre une ou deux fois par mois, la marche trois
fois par mois, la parade, l'escrime, la gymnastique, la
nage, l'équitation. En outre, les troupes étaient employées à l'exécution des grands travaux d'utilité

---

(1) Tacite, *loc. cit.*

publique, non seulement des travaux de défense et de fortification, mais encore des routes, des ponts, des aqueducs, des canaux, des amphithéâtres. Le monde romain, depuis l'Écosse jusqu'au Sahara, était couvert de monuments de tout genre auxquels les légions avaient mis la main (1).

Le commandement changea quelque peu de caractère. Le chef suprême de l'armée fut l'empereur, et toute autorité militaire émana directement de lui. Les généraux s'appelaient officiellement les « délégués » (*legati*) du prince. C'est à lui que la troupe prêtait serment. Pour elle, il était plus qu'un homme ; son image, placée dans la chapelle du camp, parmi les enseignes de la légion, était l'objet du même culte que celles des dieux (2). En lui se concentrait enfin tout le prestige qui s'attache au maître de l'État, au généralissime des forces nationales et à la divinité elle-même.

La vieille distinction entre les officiers supérieurs d'une part, et de l'autre les centurions, c'est-à-dire les officiers subalternes, ne fut pas abolie ; mais elle s'atténua sensiblement.

Le centurion fut dorénavant un officier de carrière, propriétaire de son grade, et les meilleurs d'entre eux purent pénétrer ensuite dans cette portion de l'aristocratie qui se nommait l'ordre équestre et prétendre aux fonctions lucratives de l'administration des finances ; quelques-uns s'élevaient même jusqu'à la préfecture du prétoire, qui était, en réalité, la pre-

(1) Marquardt, p. 314 et suiv.
(2) Végèce, II, 6.

mière dignité de l'Empire (1). Nul doute que ces avantages n'aient singulièrement rehaussé leur condition
et, par contre-coup, excité l'émulation des soldats
capables d'y aspirer.

La légion eut à sa tête non plus six tribuns jeunes
et novices, mais un chef unique, plus mûr et plus
expérimenté (2).

Dans chaque province, les troupes étaient commandées par le gouverneur, et l'importance de ces
circonscriptions territoriales se mesurait au nombre
des légions qui s'y trouvaient réunies. On débutait par
une province à faibles effectifs, puis on passait dans
une province à effectifs plus considérables, et de l'une
à l'autre on se perfectionnait dans son métier. Néanmoins, il subsista toujours ceci, que les gouverneurs,
alors même qu'ils faisaient fonction de généraux,
n'étaient pas pour cela des militaires de profession ;
ils restaient des magistrats civils, comme sous la République, ou plutôt ils conservaient le caractère mixte
qu'ils avaient autrefois ; mais il semble bien que
l'habitude de vivre au milieu des soldats développait
en eux l'amour et le sens des choses de l'armée.

Les officiers de tout grade étaient à la nomination
de l'empereur ; c'est de lui seul qu'ils dépendaient, c'est
devant lui qu'ils étaient responsables. Jadis leur intérêt personnel les invitait parfois à ménager leurs
hommes. Sous l'Empire, il leur fut loisible de se libérer
à cet égard de tout scrupule ; car les soldats n'ayant

---

(1) Marquardt, p. 76.
(2) Le commandant de la légion s'appelait *legatus Augusti
legionis*. Les tribuns subsistèrent, mais sous ses ordres.

plus de droits politiques ne pouvaient rien pour eux
ni contre eux. Aussi la discipline était-elle très ferme,
sauf quand l'autorité publique subissait quelque
éclipse passagère. Le Code pénal garda toute sa dureté,
malgré l'adoucissement des mœurs, et certains chefs
en exagéraient encore la rigueur.

On en jugera par un exemple : « Pescennius Niger,
raconte un historien, interdit le vin pendant les expéditions, voulant que l'eau vinaigrée fût la boisson
commune. Il défendit même aux boulangers de suivre
l'armée en campagne et réduisit au biscuit les soldats
et les officiers. Il ordonna de décapiter dix soldats
d'une même compagnie qui avaient volé une poule, et
il eût fait exécuter cette sentence, si toute l'armée ne
l'eût supplié de l'annuler, avec une insistance voisine
de la sédition. Il épargna donc les coupables, mais il
exigea que chacun d'eux rendît au propriétaire la
valeur de dix poules ; il les condamna de plus à ne
point allumer de feu pendant toute la durée de la
guerre, à ne manger rien de chaud, à ne vivre enfin
que de pain et d'aliments froids, et il leur adjoignit dix
surveillants pour y tenir la main ». Un autre général
« ayant su qu'un soldat avait violenté la femme de
son hôte, prescrivit de l'attacher par les pieds à la
cime de deux arbres pliés jusqu'à terre, qui, en se
redressant brusquement, déchirèrent son corps en
deux (1) ».

Les légions impériales avaient les mêmes qualités de
bravoure, de ténacité et d'endurance que les légions
républicaines. Pendant les trois premiers siècles de

---

(1) Spartien, *Pescennius Niger*, 19 ; Vopiscus, *Aurélien*, 7.

notre ère, elles eurent à faire en Grande-Bretagne, en
Germanie, dans la région danubienne et en Orient,
des guerres d'une difficulté inouïe, et, malgré de fré-
quents revers, elles s'en tirèrent, somme toute, avec
honneur.

Mais ce qui gâtait tout, c'était la cupidité du soldat.
Déjà le mal avait apparu vers la fin de la République,
quand un nouveau mode de recrutement amena dans
l'armée une foule de pauvres diables pour qui le service était un métier. Le fléau s'accrut encore sous
l'Empire. Lorsqu'un homme s'installait pour vingt ou
vingt-cinq ans à la caserne, il était naturel qu'il cher-
chât à s'entourer d'un certain confortable. L'autorité
militaire l'y aidait de son mieux, mais beaucoup de
frais restaient à sa charge (1). Il fallait, en outre, qu'il
songeât à se procurer quelques ressources pour le
moment où il recevrait son congé définitif. L'État, il
est vrai, lui allouait alors, soit une retraite payée une
fois pour toutes, soit un petit lot de terres (2) ; mais la
retraite, quand elle n'était pas gaspillée, n'était pas
toujours suffisante et les terres exigeaient une mise de
fonds pour être exploitées. Au surplus, il y avait des
individus qu'on réformait prématurément et qui
n'avaient droit à rien. De là la précaution qu'on avait
prise d'instituer dans chaque légion une caisse
d'épargne, où les hommes étaient obligés de placer
leurs économies (3). Mais pour faire des économies,
la première condition était de gagner de l'argent. Je

---

(1) Cagnat, *L'Armée romaine d'Afrique*, p. 436.
(2) Marquardt, p. 310.
(3) Cagnat, p. 457 et suiv.

n'entrerai pas dans le détail des circonstances où cette
bonne aubaine s'offrait à la troupe ; je me contenterai
de signaler la plus commune. Dès le début de l'Empire, l'usage prévalut de distribuer à tout propos des
gratifications extraordinaires aux soldats, pour les
récompenser de leur zèle ou acheter leur fidélité. Le
chiffre de ces largesses variait suivant la générosité du
prince et l'état du Trésor, et il y eut des cas où il
atteignit 4,000 à 5,000 francs par tête (1).

C'est surtout à son avènement que l'empereur se
montrait prodigue. Pour peu notamment que sa nomination fût irrégulière ou son autorité contestée, il ne
pouvait rien refuser à des hommes de qui il tenait ou
de qui il attendait tout. Le droit de disposer de la couronne et par conséquent de s'approprier les profits
qui en découlaient fut d'abord le privilège de la garde
impériale, en garnison à Rome ; mais les légions provinciales ne tardèrent pas à manifester la même
ambition. Les trois grandes armées du monde romain,
armée du Rhin, armée du Danube, armée d'Orient,
prétendirent, elles aussi, faire des empereurs, et on les
vit souvent entrer en lutte les unes contre les autres,
parce que chacune d'elles avait un compétiteur dont
le succès devait l'enrichir. Combien d'insurrections
militaires, combien de guerres civiles n'eurent pas
d'autre cause que celle-là ! L'argent, tel était le principal souci de ces indigents, de ces aventuriers que la
misère ou la fainéantise poussait sous les drapeaux, et
qui n'y apportaient habituellement que des senti-

----

(1) Marquardt, *Organisation financière des Romains,* p. 176-178
de la trad. franç.

ments et des calculs de mercenaires. Ces troupes se
battaient bien, parce que les mercenaires sont généralement d'excellents soldats ; mais leur avidité compro-
mettait sans cesse la paix intérieure et la sécurité
extérieure par les désordres qu'elle provoquait.

Dans la seconde moitié du IIIᵉ siècle, l'organisation
militaire de l'Empire fut complètement bouleversée.
Les barbares avaient, à plusieurs reprises, franchi la
frontière et dévasté les provinces. La Gaule, en particulier, fut livrée au pillage, aux massacres, à l'incendie,
et, pendant quelque temps, les Germains furent les
maîtres du pays. L'expérience prouva que les camps
retranchés du Rhin et du Danube n'étaient plus capables d'arrêter l'invasion, et il fallut adopter un système
nouveau de défense.

Jadis il n'y avait de forteresses que sur les grands
fleuves qui marquaient la limite de l'Empire ; désormais il y en eut partout, même dans les contrées les
plus éloignées de l'ennemi. Les villes, au lieu de s'é-
taler librement dans la campagne, furent enfermées
dans une enceinte de remparts, et la Gaule, pour ne
parler que d'elle, se couvrit de quatre-vingts places
fortes et d'une multitude de châteaux forts. Sur bien
des points, à Sens, au Mans, à Bourges, à Dijon, à
Rennes, à Nantes, à Poitiers, à Périgueux, à Bordeaux,
à Bayonne, il subsiste des vestiges de ces murailles ; et
il est visible, étant donnés l'appareil de construction et
la nature des matériaux employés, que tous ces travaux furent rapidement exécutés, d'après un plan
d'ensemble (1).

_____

(1) Jullian, *Inscriptions romaines de Bordeaux*, II, p. 587-589.

Pour garder toutes ces places, on fut obligé d'établir partout des garnisons. Les soldats qui, auparavant, étaient concentrés à la frontière, furent disséminés dans tout l'Empire, et on distingua dès lors deux catégories de troupes : celles de la frontière et celles de l'intérieur (1). De là une augmentation sensible des effectifs; de là aussi de graves innovations quant au système de recrutement.

La conscription fut maintenue, mais sous une forme qui en altéra tout à fait le caractère. Le service militaire cessa d'être une charge personnelle et ne fut plus qu'un impôt sur les biens (2). On décida que tout propriétaire fournirait un nombre de soldats proportionnel à la valeur de ses propriétés. Pour tel chiffre de fortune, on devait à l'État un conscrit; pour un chiffre double ou triple, on en devait deux ou trois; parfois même, on ne devait que la moitié, le tiers ou le quart d'un conscrit, et alors on s'associait avec plusieurs individus qui se trouvaient dans le même cas. Souvent, au lieu d'envoyer un homme à l'armée, on versait au Trésor une somme d'argent, qui varia de 400 à 570 fr. par soldat, sans compter les frais d'équipement (3).

Il y eut encore une seconde nouveauté. Les empereurs du IVe et du Ve siècle avaient une certaine prédilection pour l'hérédité des professions, et ils appliquèrent ce principe au métier militaire comme à tous les autres. On voulut que les fils de vétérans fussent

---

(1) On appelait *limitanei* les soldats de la frontière, *palatini* ou *comitatenses* ceux de l'intérieur.

(2) *Code Théodosien*, VII, 13, 7 : « Tironum præbitio in patrimoniorum viribus potius quam in personarum muneribus collocetur. »

(3) *Code Théod.*, VII, 13, 7 ; VII, 13, 13 ; VII, 13, 20.

soldats, uniquement parce que leurs pères l'avaient
été. Ils avaient à peine seize ans que l'État les réclamait, et la loi multipliait les précautions pour les empêcher de s'évader vers les carrières civiles (1). Telle
fut, notamment, la condition des troupes de la frontière. On imagina de constituer là une population de
soldats laboureurs qui, moyennant la jouissance de
certaines terres domaniales, promettaient de défendre
l'Empire contre les barbares voisins. Ce fut quelque
chose de semblable aux confins militaires de la Croatie.
Dans l'Empire romain, comme en Autriche, les abords
de la frontière étaient affectés à la milice dont je parle,
et le gouvernement avait grand soin d'en écarter les
intrus. Mais les lots de terre n'étaient transmissibles
que sous réserve du service des armes, si bien que, pour
recueillir l'héritage de son père, le fils était forcé de
s'astreindre aussi à son métier (2).

Les empereurs eurent enfin la ressource d'enrôler
des barbares. Il y avait toujours des bras disponibles
au delà du Rhin et du Danube. Ces peuples batailleurs,
besogneux et peu habitués au travail, considéraient
l'Empire comme une sorte d'Eldorado, où l'existence
était autrement facile que chez eux, et où l'on pouvait,
sans trop de peine, se procurer la richesse ou l'aisance.
Pour s'y faire une place, ils répondaient volontiers à
l'appel des agents du recrutement, et ils s'engageaient
en vertu d'une convention qui déterminait exactement
leurs obligations et leurs droits. Il n'était pas rare, non

---

(1) Lampride, *Alexandre Sévère*, 58 ; Vopiscus, *Probus*, 16 ;
Code Théod., VII, 22.
(2) *Code Théod.*, VII, 15, 1 et 2.

plus, que les barbares fussent incorporés malgré eux dans l'armée romaine, soit que l'on imposât par traité une levée d'hommes à une peuplade vaincue, soit que l'on convertît en soldats des prisonniers de guerre. De toute façon, ces étrangers tendirent de plus en plus à fournir un élément essentiel, sinon des légions qui leur restèrent toujours fermées, du moins des troupes auxiliaires. D'après un document officiel, il y avait, vers l'année 400, des Teutons à Chartres, des Suèves à Bayeux, à Coutances, au Mans et en Auvergne, des Francs à Rennes, des Bataves à Arras et à Noyon, des Sarmates à Poitiers, à Langres, à Paris, à Reims et à Amiens (1).

L'armée romaine, par la manière dont elle se recrutait, était donc absolument en dehors de la nation. L'immense majorité des habitants de l'Empire se désintéressait de la défense du pays et rejetait cette besogne sur des hommes qu'elle payait pour cela. On se croyait quitte envers la patrie lorsqu'on avait donné son argent au percepteur ; quant à aller de sa personne lutter sur les champs de bataille, peu de gens au fond s'en souciaient. L'esprit militaire avait totalement disparu de cette société molle et raffinée. Ce qu'on estimait le plus, c'étaient les fonctions civiles, et l'on n'avait guère que du mépris pour le métier des armes. Le moindre employé de bureau était placé par l'opinion fort au-dessus d'un officier ; et quand un fils de famille avait à choisir sa carrière, presque toujours il préférait entrer dans l'administration (2).

---

(1) Fustel de Coulanges, *L'invasion germanique*, p. 381 et suiv.
(2) Végèce, II, 7 : « Honestiores quique civilia sectantur officia ».

Les empereurs étaient en grande partie responsables de la diffusion de ce préjugé. Depuis la fin du IIIe siècle, ils n'avaient eu rien de plus à cœur que d'écarter l'aristocratie des grades de l'armée; ils espéraient consolider ainsi leur pouvoir et le mettre à l'abri des révolutions. La précaution fut vaine, car les insurrections furent désormais aussi fréquentes qu'autrefois. Mais, en revanche, ils créèrent par là un danger qui ne cessa de s'aggraver avec le temps.

Les hautes classes n'étant plus en possession de fournir les officiers supérieurs, c'est de la classe inférieure que sortaient la plupart des chefs militaires, et dès lors le désaccord fut complet entre l'armée et la société. La société avait à sa tête une noblesse riche, instruite, considérée, qui gouvernait, jugeait et faisait vivre l'ensemble de la population. Dans l'armée, au contraire, ce qui dominait à tous les degrés de la hiérarchie, c'étaient les pauvres, les roturiers, des gens, en un mot, que leurs origines, vu les idées du temps, rendaient peu estimables. Or, s'il est une loi attestée par l'histoire, c'est celle qui veut qu'il y ait une intime harmonie entre l'organisation sociale d'un pays et son organisation militaire. Dans un État démocratique comme la France actuelle, il faut non seulement que tous les citoyens soient soldats, mais aussi qu'ils aient tous accès aux grades les plus élevés; dans un État aristocratique, il faut que les hauts grades soient le privilège de la classe dirigeante, car il est impossible que cette classe abandonne à d'autres la force que confère le pouvoir militaire. L'anomalie qu'offre à cet

---

Mamertin, *Gratiarum actio*, 20 : « Militiæ labor a nobilissimo quoque pro sordido et illiberali rejiciebatur ».

égard le Bas-Empire est peut-être l'indice le plus certain des vices de sa constitution.

Ce fut bien pis encore quand on s'accoutuma à
prendre des officiers parmi les barbares. Il vint un
moment où l'on ne se contenta plus de placer les
troupes recrutées au delà des frontières sous les ordres
de leurs chefs nationaux (1). On alla jusqu'à imposer
des chefs barbares aux troupes romaines, et l'on vit
souvent de grands commandements aux mains d'un
Goth, d'un Franc ou d'un Vandale (2). Il est vrai qu'a-
vant de leur confier ces emplois, on leur accordait
leurs lettres de naturalisation. Mais ils n'en restaient
pas moins des étrangers, étrangers par le cœur comme
par les mœurs et la naissance, et leur présence à l'armée marquait le dernier terme de la transformation
profonde que les institutions militaires de Rome avaient
subie à travers les âges.

Nous pouvons nous faire une idée assez précise de la
valeur de cette armée par les écrits d'un contemporain
qui a été soldat et qui a l'air de connaître son métier.
Ammien Marcellin nous dit, par exemple, que les Gaulois, jeunes et vieux, « portaient au service la même
vigueur, que leurs corps étaient endurcis par la rigueur du climat et par de perpétuels exercices, et qu'ils
bravaient tous les périls » (3). Ailleurs, dans un parallèle entre les Germains et les Romains, il accorde la
préférence à ces derniers. « Les Germains ont pour

---

(1) Fustel de Coulanges, *L'invasion germanique*, p. 223-224.
(2) Le goth Modarès obtint un des premiers grades de l'armée
(Zosime, IV, 25). Le franc Arbogast devint *Magister militum* (IV,
33). Le célèbre Stilicon était d'origine vandale.
(3) Ammien, XV, 12, 3.

eux la taille et l'énergie des muscles, les Romains ont
la tactique et la discipline ; les Germains ont l'impétuosité brutale et désordonnée, les Romains le sang-
froid et le calcul ; les Germains comptent sur la force
physique, les Romains sur les qualités morales » (1).
« Laissons, s'écrie-t-il à propos d'un fait d'armes, laissons l'antique poésie exalter les exploits d'Hector et
les trophées d'Achille. Que l'histoire vante à jamais
l'héroïsme qu'ont montré Sophanes, Aminias, Calli-
maque et Cynégire dans le fameux conflit de la Grèce
et de l'Asie. Encore faudra-t-il avouer qu'ils ont trouvé
parmi nos soldats plus d'un émule dans cette journée » (2). Ainsi Ammien ne croit pas à la décadence
militaire de l'Empire ; il estime, au contraire, que
l'armée dont il a fait partie vaut bien l'armée ancienne.
Il est même curieux que, dans ces troupes, composées, en majorité peut-être, de barbares, il ne signale
presque jamais de traîtres ni de déserteurs. Ces Germains luttent avec ardeur contre leurs frères de Germanie et semblent heureux de combattre pour Rome.

Mais tous ces soldats, principalement les barbares,
avaient les défauts communs à tous les mercenaires.
S'ils montraient quelque patriotisme, c'était dans la
mesure où ce sentiment se conciliait avec leur intérêt,
et leur intérêt leur conseillait avant tout de rechercher les avantages matériels inhérents à leur profession. Ils étaient très difficiles en ce qui concernait la
nourriture et la solde ; ils aimaient leurs aises et exigeaient tous les agréments compatibles avec leur

---

(1) Ammien, XVI, 12, 47.
(2) Ib. XXIV, 6, 14.

genre d'existence. Très divisées entre elles (1), les troupes indigènes et les troupes étrangères s'accordaient pour s'arroger tous les droits sur la population civile. Elles traitaient volontiers en pays conquis la contrée où étaient leurs cantonnements, pillant les villes, dévastant la campagne, se gorgeant de butin, et perdant au milieu de ces excès tout respect de la discipline (2). Elles étaient promptes à se révolter et leurs chefs avaient pour elles des ménagements inouïs.

Le propre d'une époque de décadence, c'est l'affaiblissement de la volonté chez ceux qui ont le devoir de commander. On en était là sous le Bas-Empire. Si parfois le prince osait résister en face à ses soldats, braver leurs murmures, dédaigner leurs plaintes et punir leur mutinerie, d'ordinaire il abaissait devant eux son autorité, il écoutait patiemment leurs requêtes, il recueillait et sollicitait leurs avis, même en temps de guerre (3); il les comblait d'argent, de promesses, de complaisances de tout genre, sans autre profit que de les enhardir chaque jour davantage.

Fidèle à une tradition vieille de plusieurs siècles, l'armée faisait et défaisait des empereurs ; par suite, il n'était pas de flatteries ni de faveurs qu'on ne lui prodiguât, par peur ou par ambition. Le rôle qu'elle jouait dans ces circonstances lui donnait une haute idée d'elle-même, ce qui n'est pas un mal. Mais est-il bon que le soldat tire surtout sa fierté de la part prépondérante qu'il prend aux révolutions politiques ?

---

(1) Ammien Marcellin, XXIX, 6, 13 ; Zosime, IV, 33 ; V, 33.
(2) Ammien Marcellin, XXI, 12, 15.
(3) Voir, par exemple, Ammien. XIV, 10. 15.

4

L'armée trouvait un sujet d'orgueil beaucoup plus légitime dans cette idée que tout le poids de la défense retombait sur elle et sur elle seule. Mais c'était là encore un grave inconvénient. Une armée a besoin d'être appuyée par une population énergique, courageuse et patriote, où elle puisse se retremper et se renouveler sans cesse. Il est mauvais qu'une barrière infranchissable sépare les soldats et les « civils ». Entre les uns et les autres, il faut qu'il y ait un échange constant d'hommes et une étroite communauté de sentiments. Isolez l'armée du reste de la société ; faites qu'elle soit, pour ainsi dire, en l'air, et qu'elle n'ait point de racines dans le sol. Si nombreuse, si vaillante que vous la supposiez, elle ne suffira pas pour protéger le territoire. L'armée ne doit être qu'une partie des forces nationales ; c'est la nation elle-même qui doit constituer sa réserve, et par conséquent tout citoyen doit posséder les qualités morales qui, du jour au lendemain, le transformeront en soldat.

L'exemple du Bas-Empire le prouve surabondamment. L'Empire tomba, non pour avoir eu une armée faible, lâche ou infidèle, mais plutôt parce qu'il n'eut pour se défendre que son armée et que la masse de la population, systématiquement condamnée à une vie calme et paisible, ne garda plus rien de cet esprit militaire qui jadis animait tout le corps social.

LE SERVICE MILITAIRE

EN VERTU DE L'OBLIGATION FÉODALE

Par M. LANGLOIS

DE L'UNIVERSITÉ DE PARIS

LE SERVICE MILITAIRE

EN VERTU DE L'OBLIGATION FÉODALE

———

L'histoire militaire du moyen âge embrasse une période de mille ans. Il faut limiter ce sujet immense. Conformément à la pensée directrice de toute cette série de conférences, il s'agit de montrer comment l'armée était recrutée, commandée ; quelles étaient les relations de l'organisation militaire avec l'organisation sociale, quelle idée le soldat se faisait des droits, des devoirs et de l'honneur militaires. L'histoire technique de l'armement et de la tactique sera jetée par-dessus bord.

L'histoire militaire du moyen âge est obscure. D'abord, les armées de ce temps-là n'étaient pas, comme l'armée romaine de l'Empire ou comme les armées modernes, des corps réguliers et permanents. En second lieu, l'histoire des armées du moyen âge, difficile comme elle est, n'est pas achevée ; la science, sur ce point, n'est pas faite : elle est en train de se faire. On ne peut donc se proposer que de donner une idée générale de l'état actuel de la science, sous toutes réserves.

4.

I.

Le régime militaire de l'Empire romain fut détruit par les invasions barbares. Dès le VIe siècle, en Gaule, plus d'armée permanente et soldée, chargée d'assurer la tranquillité de la population civile et de défendre les frontières.

Les rois francs, qui n'ont pas eu d'armée, ont, cependant, fait constamment la guerre. Ils la déclaraient presque tous les ans, à la manière des anciens Germains. Les anciens Germains passaient l'hiver chez eux à faire la fête dans leurs cabanes closes; au printemps, ils s'assemblaient autour de leurs chefs de guerre, et entraient en campagne; c'était le régime de la levée en masse. De même, en Gaule, après l'invasion. Le roi mérovingien convoque, par l'intermédiaire des ducs et des comtes (c'est-à-dire des fonctionnaires qui administrent en son nom les provinces et les cantons de son royaume), « le peuple », « l'armée » — expressions synonymes — des circonscriptions les plus rapprochées de la frontière où la campagne doit commencer. Cela s'appelait *bannire populum*, *bannire exercitum*. Rendez-vous est fixé à tel endroit. Personne, en principe, n'est exempt, ni les affranchis, ni les sujets des Églises, ni les riches, ni les pauvres, de race franque ou gallo-romaine; tout réfractaire paye l' « hériban », c'est-à-dire une amende de 60 sous. Le contingent de chaque comté est sous les ordres de son comte, qui l'amène. — Ces armées mérovingiennes devaient être des cohues. Elles dévastaient tout systématiquement, car il n'y avait pas d'autre solde que le

produit du pillage, partagé entre les soldats. Elles
étaient indisciplinées : en 585, comme le roi Gontran
réprimandait les chefs d'une armée qui avait honteu-
sement lâché pied : « Nous n'y pouvons rien, dirent-ils ;
personne ne respecte ni duc ni comte ; si nous voulons
punir une faute, *statim tumultus in populo exoritur*,
voilà l'armée en tumulte ». — Il va de soi qu'il n'y avait
personne, dans ces armées-cohues, pour dégourdir et
instruire les recrues ; tous les adultes savaient alors
ce qu'il fallait savoir pour se battre ; la campagne
commençait le lendemain du rassemblement des
troupes.

Au temps de Charlemagne, qui est ici notre véritable point de départ, quelle était, en principe et en
pratique, l'organisation militaire ?

Les principes sont très clairs. L'Empereur franc est
l'héritier de l'Empire romain. Théoriquement, tous les
hommes de l'Empire franc lui doivent, en cas de nécessité, à titre de service public, le service militaire.

Le service militaire, obligatoire, est, en même temps,
gratuit, — non seulement gratuit, onéreux. Comme à
l'époque mérovingienne, pas de solde : le guerrier
s'équipe et s'entretient lui-même. L'habitant lui doit
seulement, aux étapes, le couvert, l'eau, le feu et la paille.
L'Empereur ne lui fournit ni armes ni vêtements, et il
ne le nourrit pas. Il fallait se munir à ses frais d'habits
pour six mois, de vivres pour trois mois, à compter
du jour où la frontière serait franchie. Il n'y avait pas
de trésorerie, pas d'intendance. Il n'y avait pas non plus
de remonte. Or, depuis le milieu du VIIIᵉ siècle environ, la force des armées franques, qui avaient été
jusque-là composées d'hommes à pied, fut dans la
cavalerie ; à la fin du IXᵉ siècle, un chroniqueur dit

expressément que les Francs « n'ont pas l'habitude de combattre à pied, *pedetentim* ». Chaque soldat devait donc amener son cheval au lieu fixé pour le rendez-vous des troupes. Cela donne à penser tout de suite que le principe de l'obligation universelle devait être restreint, tempéré, par le principe coexistant de la gratuité du service. Il est évident que tous les hommes libres de l'Empire n'avaient pas le moyen de se rendre à l'armée avec un cheval harnaché, armes et bagages. Ceux-là seuls devaient être convoqués qui étaient assez à leur aise pour servir convenablement.

En effet, des capitulaires de Charlemagne prouvent que l'autorité impériale s'est attachée, dès le commencement du IXe siècle, à établir un rapport entre l'obligation au service de guerre et les ressources de chacun (mesurées, d'ordinaire, par l'étendue de ses propriétés en biens-fonds). Par exemple, en 807, un capitulaire exigea, pour la campagne de cette année-là, le service militaire de tous ceux qui possédaient au moins trois « manses ». D'autres documents du même genre fixent la tenue des gens convoqués à l'armée d'après leur fortune ; par exemple, tout propriétaire de douze manses au moins est tenu d'avoir une « broigne » (*brunea*), c'est-à-dire un justaucorps garni de plaques de fer ; les hommes tout à fait riches apporteront une provision d'outils dans des chariots : pelles, pioches, doloires, tarières, etc. Toutes ces règles, d'ailleurs, n'étaient pas édictées d'une manière générale, définitive. Il faut savoir que les capitulaires militaires de Charlemagne et de ses successeurs ne sont pas des lois ; c'étaient des prescriptions valables pour une année, pour une expédition, pour une fois. Avant de fixer, au commencement d'une campagne, le

nombre de manses qu'il fallait avoir pour être obligé
de marcher en personne, ou d'apporter une broigne,
l'autorité impériale tenait compte des circonstances,
de la quantité d'hommes nécessaire, de la richesse du
pays, de la distance à parcourir jusqu'au lieu de rendez-vous, etc.

Comment ces soldats carolingiens, hommes libres
et propriétaires, étaient-ils convoqués ? Dès qu'une
guerre était prévue, l'Empereur expédiait l'ordre de
la levée générale dans la région frontière. Le rendez-
vous, qui, sous les Mérovingiens, s'appelait *Champ de
Mars*, était dit désormais *Champ de Mai*. On a conjec-
turé que le transfert de mars en mai fut causé par la
substitution, au temps de Charles Martel, de la cavalerie aux troupes à pied ; en mai, il y avait de l'herbe
pour les chevaux ; en mars, on n'en aurait pas eu. Quoi
qu'il en soit, les contingents arrivaient au Champ de
Mai sous la conduite de qui ? et, après qu'ils étaient
réunis, comment se groupaient-ils ? Ces questions sont
très importantes.

A cette époque, beaucoup d'hommes étaient personnellement attachés à d'autres hommes plus puissants
qu'eux. C'était un ancien usage germanique que les
guerriers s'attachassent par bandes à des chefs qui
les conduisaient à la guerre. Dans ces sociétés barbares, où la sécurité n'existait pas, l'individu de petite
condition avait besoin, pour être protégé, de faire
partie d'un groupe. Il se « recommandait » à un personnage qui devenait son *senior*, dont il devenait le
vassus. Ces noms de *senior* (seigneur) et de *vassus*
(domestique libre, à la fois domestique et compagnon)
sont déjà très usités aux temps carolingiens. Le seigneur, grand propriétaire laïque ou dignitaire de

l'Église, équipe, nourrit, entretient et défend ses *vassi;*
en retour, ses *vassi* honorent, servent et suivent leur
seigneur, dont ils sont, dans toute la force de l'expression, les fidèles. Mais il arrivait souvent que le seigneur concédât au *vassus* une terre en usufruit — à
titre, comme on disait, de « bénéfice » — pour récompenser ou rétribuer ses services. Au IXe siècle, beaucoup d'hommes avaient reçu ainsi, soit de grands
propriétaires ecclésiastiques ou laïques, soit du roi ou
de l'Empereur, des terres en bénéfice. Charles Martel
et ses successeurs ont distribué en bénéfices des terri-
toires immenses. — Cela posé, voyez les conséquences.
D'une part, l'Empereur-roi peut compter tout spécia-
lement, à la guerre, sur ses *vassi*, sur ceux qui ont
reçu de lui des bénéfices à charge de fidélité, de service en général et de service militaire en particulier:
en effet, dans les armées carolingiennes, les bénéficiers
du roi ou de l'Empereur formaient une classe à part ;
le simple homme libre, semons et défaillant, payait
l'amende de 60 sous, tandis que le bénéficiaire du roi
perdait, en pareil cas, son bénéfice. D'autre part, ceux
qui avaient reçu leur bénéfice, non pas de l'Empereur,
mais d'un grand propriétaire, devaient avoir une idée
très nette de leurs obligations envers leur seigneur, et
de leurs obligations envers l'État, représenté par l'Empereur, une idée beaucoup plus vague.

Charlemagne et ses successeurs ont été obligés de
subir les conséquences très graves, au point de vue
militaire, des progrès du séniorat. De très bonne
heure, la question se posa de savoir si, en entrant au
service particulier d'un seigneur, on n'échappait pas
au service public. Quelques seigneurs ecclésiastiques
étaient dispensés (*immunes*), par faveur spéciale de

l'Empereur, du service militaire ; leurs *vassi* n'étaient-ils pas exemptés par là-même ? Si un seigneur se révoltait, il entraînait dans sa rébellion tous ses hommes. Il était naturel que les seigneurs fussent disposés à penser que les services de leurs *vassi* leur appartenaient en propre, et que l'Empereur, en les exigeant pour lui, au nom de la chose publique, leur faisait tort. En tout cas, si leurs hommes devaient aller à l'armée impériale, ils prétendaient les y conduire, et, en campagne, les commander. Les capitulaires du IXe siècle sont pleins de prescriptions sur ce point, qui attestent à la fois la volonté des Empereurs de maintenir le principe du service public et la nécessité où ils étaient de composer avec l'institution du séniorat. En 811, Charlemagne dit que tout homme libre qui, cette année-là, ne se sera pas rendu à l'armée avec son seigneur, payera l'amende ; si c'est par ordre de son seigneur qu'il est retourné chez lui, c'est le seigneur qui payera. Le capitulaire de 808 admet, en termes formels, que les hommes se rendant à l'armée, soit avec le comte de leur circonscription (*sive cum comite suo*), soit sous la conduite de leur seigneur (*sive cum seniore suo, si senior ejus in hostem perrexerit*). Ainsi Charlemagne lui-même, le plus puissant des princes carolingiens, a laissé s'interposer, entre l'armée et lui, les seigneurs.

Cependant, pendant la première moitié du IXe siècle, les Empereurs ont maintenu, tant bien que mal, le principe de l'obligation du service militaire, en tant que service public, pour tous les hommes libres, dépendants ou non dépendants d'un seigneur. Les *missi*, ces inspecteurs que les Carolingiens envoyaient en tournée dans les provinces, avaient ordre de tenir à

jour un recensement général de la population libre ;
de dresser la liste de ceux qui pouvaient marcher en
personne, la liste de ceux qui devaient se cotiser pour
envoyer un homme à frais communs, la liste des *benefi-
ciarii* du roi et des particuliers. Ces registres de recensement, qui sont depuis longtemps perdus, étaient les
rôles d'une armée véritablement nationale. Mais, au
cours des cent cinquante années suivantes, cette
armée nationale fut désorganisée de fond en comble.

II.

Il n'y a rien de plus obscur que l'histoire des cent
cinquante années qui s'étendent de 850 à l'an 1000.
Après la dissolution de l'Empire carolingien, on entre
comme dans un tunnel. Des transformations profondes
se sont alors opérées dans le tumulte et dans la nuit.
Au XIe siècle, quand la lumière reparaît, nous nous
trouvons en présence d'une société nouvelle, la société
« féodale ».

Rappelons d'abord les grands traits caractéristiques
du régime antérieur, au point de vue du service militaire, car quelques-uns ont persisté et d'autres ont
reparu, après avoir été effacés :

1° *Obligation universelle et illimitée au service personnel et gratuit envers l'Empereur-roi.* — Le principe
de l'obligation universelle et illimitée au service personnel et gratuit envers l'Empereur-roi fut ruiné en
même temps que l'Empire. L'Empire écroulé, les anciennes notions d'unité, d'autorité et de *res publica*
qu'il représentait s'abîmèrent. Le territoire de l'Em-

pire se morcela en royaumes; dans chaque royaume,
les ducs, les comtes, tous ceux qui, au temps des Empereurs, avaient été des agents de l'autorité publique,
interceptèrent à leur profit les droits que le prince les
avait jadis chargés d'exercer en son nom. C'est au
duc, au comte, désormais héréditaire et quasi-indé-
pendant de la couronne, que les seigneurs et les vassaux des circonscriptions ducales et comtales durent,
désormais, le service qui jadis était public. « L'avènement des ducs et des comtes, dit très bien M. P. Viollet,
scinda en plusieurs tronçons la grande armée impériale et royale » ;

2º *Obligation générale des hommes attachés par un
lien personnel à un seigneur,* — que ce seigneur soit le
roi ou tout autre personnage, — *de défendre ce seigneur et la terre seigneuriale;*

3º *Obligation spéciale des hommes qui ont reçu une
terre en bénéfice de servir, notamment à la guerre, celui
qui la leur a concédée.*

Tandis que le principe du service public disparais-
sait, les deux autres, ceux qui dérivaient de la recommandation personnelle et du régime bénéficiaire, ont
évolué. Quels ont été les résultats?

A l'époque féodale, le sol est morcelé en quantité
de domaines, qui représentent les anciens bénéfices,
mais qui ne sont pas « tenus » de la même manière
que les anciens bénéfices. Les bénéfices étaient primitivement révocables, viagers, octroyés à condition de
dévouement et de service illimités; maintenant, entre
le vassal pourvu d'un bénéfice ou plutôt, — c'est
l'expression nouvelle, — d'un « fief », et le seigneur
qui le concède, il y a contrat. Le seigneur a, peu à
peu, perdu le droit de reprendre le fief à sa volonté;

5

le vassal pourvu d'un fief a, peu à peu, acquis le droit de transmettre sa condition. Le fief est héréditaire, transmissible. Dès lors, les sentiments personnels de dévouement et de reconnaissance du vassal envers le seigneur qui l'a pourvu, si forts à l'époque archaïque, sont devenus conventionnels ; le dévouement envers le seigneur n'est plus considéré que comme une « charge » du fief par celui qui l'a acquis ou qui en a hérité. De là une tendance, qui s'est manifestée de bonne heure, à remplacer *le service* illimité des temps primitifs par *des services* déterminés. Dans la société féodale, la possession d'un ancien bénéfice, d'un fief, n'oblige qu'à des services déterminés qui, d'ailleurs, ne sont pas partout les mêmes. Et on comprend très bien pourquoi ces services ne sont pas partout les mêmes : les possesseurs de fiefs s'étant efforcés d'obtenir, pendant des siècles, que leurs obligations fussent de plus en plus réduites en étendue et en durée, la variété des usages qui résulta de concessions arrachées à diverses époques, et par des procédés différents dans les diverses seigneuries, fut, naturellement, infinie. Toutefois il était habituel, dans la France féodale, que le personnel d'un fief dût au seigneur deux espèces de services, d'un caractère militaire, savoir : l'*ost et la chevauchée*, et l'*estage*. Les anciens feudistes ont essayé d'établir une distinction rigoureuse entre l'*ost* et la *chevauchée* : l'*ost* serait l'armée réunie pour une guerre importante ; la *chevauchée* serait une simple course, un « raid » ; mais les deux expressions se rencontrent toujours ensemble, et s'il y eut, à l'origine, une distinction de ce genre, elle s'est oblitérée très tôt. L'*ost et la chevauchée* proprement dits, c'est le terme indivisible qui désigne le service militaire dû gratuitement

au seigneur par le vassal, possesseur d'un fief. Il
était limité à 40 jours dans un grand nombre de
seigneuries ; mais certains possesseurs de fiefs avaient
obtenu qu'il fût réduit à une période beaucoup plus
courte, par exemple à un seul jour. De plus, beaucoup de possesseurs de fiefs n'étaient tenus à servir,
d'après la coutume, que dans un rayon de quelques lieues autour de leur fief, dans telle ou telle
région : hors de cette région, ou leur temps expiré,
ils avaient le droit de retourner chez eux ; s'ils
continuaient à servir, ce n'était plus à leurs frais,
c'était de leur plein gré, et moyennant une solde.
Quant à l'*estage*, on entendait par là l'obligation de
tenir garnison dans le château du seigneur. En quel
cas, pendant combien de temps, aux frais de qui ? tous
ces détails étaient réglés dans les contrats féodaux.
Enfin, la plupart du temps, le château du vassal était
jurable et rendable au seigneur, c'est-à-dire que le
vassal était tenu de laisser entrer le seigneur dans son
château, toutes les fois qu'il en était requis, et de laisser les hommes du seigneur y tenir, au besoin, garnison. En quel cas le seigneur pouvait-il mettre ainsi garnison dans le château du vassal, pendant combien de
temps, quels étaient les droits des hommes du seigneur
dans le château du vassal, qu'est-ce qu'ils étaient auto-
risés à y prendre pour leur usage ? Tous ces points
étaient réglés dans les contrats féodaux. — Il est inutile
d'insister. On voit assez que le régime féodal, à l'époque
de sa maturité, diffère notablement du régime bénéficiaire. A la place du dévouement, le contrat. A la
place du service illimité, des services ; et quels services ? des services dont la mesure était très souvent
contestée, malgré les « aveux » destinés à la préciser ;

des services rendus, la plupart du temps, de mauvaise
grâce, et si limités, en général, qu'il est impossible
de concevoir comment, avec ses seuls contingents
féodaux, un grand seigneur pouvait soutenir une
guerre un peu sérieuse.

Ce qui faisait, à l'époque féodale, la force d'un seigneur, ce n'était pas tant le nombre des *fiefs* qui dépendaient de lui, que le nombre des *hommes* qui lui
étaient attachés par un lien personnel. Le lien personnel entre le seigneur et les hommes de ses domaines — vestige du vieux compagnonnage germanique et de la recommandation — est toujours resté
très solide. L'obligation militaire qui en résultait,
pour la défense du seigneur et de sa terre, ne fut
jamais limitée ; elle a toujours été indéterminée, sans
réserves. Retenons donc que l'obligation *personnelle*
de « l'homme-lige » (et de ses hommes à lui) envers
le seigneur était beaucoup plus étendue que l'obligation *réelle* du vassal pourvu d'un fief, dont il importe qu'elle soit très nettement distinguée.

Ces notions seront utilisées tout à l'heure pour expliquer comment les plus anciennes armées royales, celles
des premiers rois capétiens, ont été composées. Mais
il convient de s'arrêter ici pour considérer ce qu'était
la guerre, en plein âge féodal, alors que le pouvoir
impérial n'existait plus, et que l'autorité royale était
encore très faible. Tout le monde sait qu'à cette
époque les guerres ont été continuelles entre les seigneurs, grands et petits. C'était l'état de paix qui était,
en ce temps-là, exceptionnel.

III.

Les chansons de geste sont les sources qui font le mieux voir ce qu'étaient les habitudes et les sentiments des hommes à l'époque féodale. Mais toutes les chansons de geste ne sont pas de la même date, ni du même genre. Il y en a de fabuleuses, d'où l'on ne peut pas tirer grand'chose ; il y en a qui sont d'énergiques et fidèles peintures de la réalité. Il faut choisir. Si l'on veut avoir une idée exacte des chevaliers du haut moyen âge, — celle que les écrivains romantiques d'il y a soixante ans ont popularisée est de fantaisie, — il faut lire les anciennes, rudes et vraies chansons féodales : *Girart de Roussillon, Raoul de Cambrai, Garin*, etc. (1).

Le seigneur féodal, d'après ces chansons, vit dans son château-forteresse, entouré d'une « maisnie » d'autant plus nombreuse qu'il est plus riche. Sa « maisnie », c'est son entourage : parents, fils de ses vassaux, qui sont « nourris » avec ses propres fils, exercés avec eux, dès l'enfance, à se servir des armes. La *maisnie* comprend aussi, et surtout, des « soudoyers », chevaliers, damoiseaux ou vilains, « retenus » par le seigneur, qu'il servent moyennant des gages. Ces gens-là formaient « une troupe de combattants toujours prête, le noyau permanent d'une petite armée ». Il paraît qu'il y eut toujours beaucoup

---

(1) A propos des renseignements fournis par les chansons de geste sur la vie chevaleresque, voir la *Revue historique*, t. LXIII (1897), p. 241.

d'hommes pour exercer cette profession de « sou-
doyer ». Ils « queroient soudées », comme on disait.
A cette classe appartenait le type si nettement dessiné
dans la littérature du moyen âge, tiré dans la société
du moyen âge à un si grand nombre d'exemplaires,
du « chevalier tournoyeur ». Le chevalier tournoyeur,
c'est l'homme d'armes qui ne possède, pour tout bien
au soleil, que son cheval et des armes, et qui compte,
pour gagner sa vie, sur les bénéfices éventuels de la
guerre ou des tournois :

> Il n'avoit ne vigne ni terre,
> En tournoiement et en guerre
> Estoit trestote s'atendance,
> Car bien savoit ferir de lance.

En temps de guerre, les seigneurs qui avaient besoin
de renforcer leur « maisnie », enrôlaient volontiers des
chevaliers de cette espèce. Dans le roman de *Bauduin
de Sebourc*, Bauduin, chevalier très vigoureux, mais
sans argent, aperçoit, du haut d'une colline, les tentes
dressées autour d'un château assiégé dans la plaine :
« Par Dieu, dit-il, on se bat dans ce pays-ci; me voilà
riche ». Il se présente au camp des assiégeants, et
« quiert soudées ». Le maréchal de l'ost « met son nom
en escrit », après avoir constaté qu'il est bon pour le
service. Les choses se passaient ainsi.

Les guerres entre seigneurs, qui étaient continuelles,
étaient aussi très monotones. On aurait tort de se
figurer de grandes batailles, des combinaisons, des
dangers terribles pour les combattants. Le seigneur
qui s'en allait en guerre contre un voisin le faisait,
préalablement, défier. Puis, il entrait en campagne
avec sa « maisnie », ses « nourris », ses « soudoyers »,

et les contingents féodaux qu'il avait fait semondre.
Tous ces hommes, à cheval, étaient habillés de fer (de
vêtements de mailles pendant le haut moyen âge ; de
plaques en métal plus tard), et, sous leur écu, presque
invulnérables. Il est souvent parlé, à la vérité, dans les
chansons de geste, d'épouvantables blessures ; quantité
de gens y sont pourfendus, décapités, amputés à coups
d'épée. Mais ce sont des manières de parler. On se
tuait très peu de monde. Le but principal était de faire
des prisonniers et des prises. C'est si vrai que le combattant qui avait réussi à capturer un adversaire, ou
même un cheval sans cavalier, s'empressait de sortir
de la mêlée pour mettre sa prise en lieu sûr. D'ailleurs, les batailles rangées étaient rares ; on préférait
les « aguets ». On luttait de fourberie plus souvent
que de courage. « Pendant cinq ans, dit l'auteur de
Girart de Roussillon, ils ont tenu la campagne sans
jamais se rencontrer. » La guerre consistait surtout en
sièges de châteaux et en ravages réciproques : enlè-
vements de troupeaux, incendies de villages, massacres
de paysans ; elle prenait fin quand le pays était saigné
à blanc, épuisé. Quelquefois, mais rarement, les adversaires, afin d'éviter les dévastations, prenaient jour
et rendez-vous pour un combat décisif, sorte de jugement de Dieu : c'était ce que l'on appelait une « bataille
aramie ».

Le point d'honneur, tel qu'il est conçu dans les
romans arturiens de la Table ronde, — tel qu'il est
parodié dans le *Don Quichotte* espagnol, — était, dans
les anciens temps, inconnu. Il n'y a pas trace dans la
littérature française, avant l'invasion des contes bretons, de l'idée chevaleresque qu'il est honteux pour le
guerrier de ne pas toujours combattre, ni de celle qu'il

est méritoire de s'exposer, pour le plaisir, à des dangers inutiles. On était prudent. Encore au XIIIe siècle, le bon sire de Joinville, qui était fort brave, avoue, sans le moindre embarras, qu'il a eu peur. Prisonnier des musulmans, pendant la campagne d'Égypte, il fut saisi d'une émotion difficile à décrire lorsqu'il vit entrer des Sarrasins dans le ponton où il était ; il y en avait bien trente, dit-il, les épées nues à la main, et, au col, des haches danoises : « Je demandai à monseigneur Baudouin d'Ibelin, qui savoit bien le sarrazinnois, que celle gent disoient ; et il me respondi que il disoient que il nous venoient les testes tranchier. Il y avoit tout plein de gens qui se confessoient à un frere de la Trinitei, qui avoit nom Jehan et estoit au conte Guillaume de Flandres. Mais, endroit de moy, ne me souvint onques de pechié que j'eusse fait ; ainçois m'apensai que quant plus me deffenderoie et plus me ganchiroie, et pis me vauroit. Et lors me seignai et m'agenoillai aus piés de l'un d'aus, qui tenoit une hache danoise a charpentier, et dis : « Ainsi mourut sainte Agnès ». Mes sires Guis d'Ibelin, connestables de Chypre, s'agenoilla encoste moy et se confessa a moy ; et je li dis : « Je vous asol, de tel pooir comme Diex m'a « donnei ». Mais quant je me levai d'ilec, il ne me souvint onques de chose que il m'eust dite ne racontée ».

La morale des hommes de guerre du haut moyen âge ne ressemblait pas à la nôtre. — Ouvrons, par exemple, *Girart de Roussillon*. La règle est de faire, après la victoire, deux parts des prisonniers. D'un côté, ceux qui peuvent payer rançon : ils sont traités avec honneur ; de l'autre, ceux qui ne peuvent pas payer rançon (sergents à pied, soudoyers non-nobles) : ceux-là

sont ou massacrés par économie (à quoi bon les nourrir ?), ou mutilés (pour les mettre hors de service). Il
n'est défendu de tuer un homme sans défense que s'il
s'est réfugié sous la protection d'une église. — Ouvrons
Raoul de Cambrai. Raoul de Cambrai a résolu d'atta-
quer les fils de feu Herbert de Vermandois, au grand
regret de son écuyer Bernier, nourri depuis l'âge de
quinze ans dans sa maisnie, qui appartient, par son
père, au lignage de Herbert. Raoul entre en Vermandois avec ses hommes et ses soudoyers : « ils prennent les proies, ardent la terre ». Or, la mère de
Bernier était nonne au monastère d'Origni ; elle sup-
plie son fils d'abandonner Raoul, puisque Raoul attaque sa famille : elle invoque les liens du sang. Mais
les liens du sang ne sont pas si forts que ceux qui
unissent le « nourri » au seigneur qu'il a juré de servir ; c'est ce que répond Bernier :

> Raoul mesires est plus fel que Judas.
> Il est mesires. Cheval me done et dras.
> Ne li fauroie pour l'onnor de Damas
> Tant que tuit dient : « Bernier, droit en as ».

Sur ces entrefaites, l'assaut est donné au bourg
d'Origni. Bernier voit mourir sa mère dans les flammes.
Après cet exploit, Raoul retourne à son camp, de belle
humeur ; ses barons le désarment, délacent son heaume,
déceignent son épée (branc), lui retirent sa chemise
de mailles (haubert). Il boit et, ayant bu, s'oublie au
point d'injurier gravement Bernier, toujours fidèle : il
le frappe d'un tronçon de lance au visage. Cette fois,
les chevaliers de la « maisnie » interviennent : le seigneur est allé trop loin. « Bernier a désormais le droit
de se venger, disent-ils, sire Raoul, si tu ne lui fais

pas réparation. » Raoul, ramené au sentiment de la situation, en convient et propose une « amendise » : il ira, à pied, en portant sur ses épaules la selle de Bernier, depuis Origni jusqu'à Nesle (43 kilomètres). Les chevaliers de la maisnie estiment que cette « amendise » est « très belle » ; mais Bernier, comme c'est son droit, ne l'accepte pas. Accompagné d'hommes qui sont à lui, il quitte l'ost de Raoul, en plein jour, sans être inquiété. — Telles étaient les limites extrêmes de l'obéissance et de la fidélité. L'obéissance n'était pas passive. Les principaux de la « maisnie » formaient un conseil permanent, écouté du chef ; l'excès d'injustice et de violence justifiait la rupture du lien personnel qui unissait ses compagnons de guerre au seigneur. Tout cela rappelle encore la familiarité des vieilles mœurs germaniques.

L'état de choses décrit dans les plus anciennes chansons de geste s'est modifié au cours des siècles. Il s'est formé un idéal chevaleresque. — Sous l'influence de la morale chrétienne, la pensée a été conçue que l'homme de guerre vraiment noble, le « prudhomme » (le gentilhomme), le chevalier, doit protéger les faibles, redresser les torts, mettre ses armes au service de la justice et du droit. — En même temps, sous l'influence des femmes, se développa, dans les cours princières du XIIe siècle, un sentiment nouveau. Désormais, un bon chevalier ne craindra qu'une chose : qu'on l'accuse d'avoir eu peur ; il est déshonoré s'il recule, et même s'il se repose. Il serait très intéressant d'étudier ici, en détail, les origines du point d'honneur et de la courtoisie chevaleresques, — choses inconnues à l'antiquité et au moyen âge primitif, — mais nous n'en avons pas le loisir.

IV.

Des événements considérables, tels que les croisades et la constitution des grands Ltats féodaux, ont puissamment contribué à transformer la primitive société féodale au point de vue militaire. — Des foules énormes ont pris part aux croisades. Les croisades ont ressuscité ainsi la notion de la grande guerre qui, depuis les Carolingiens, s'était perdue. — D'autre part, les petites seigneuries ont cessé d'être isolées. Il s'en forma, dans chaque région, par alliances, conquête ou autrement, de très vastes. Les chefs des grandes seigneuries disposèrent de forces très supérieures à celles que les petits seigneurs avaient fait mouvoir pendant l'âge précédent. Il faut savoir ce qu'étaient ces forces et comment on les a organisées.

L'organisation militaire d'un grand État féodal sera examinée dans l'État capétien, dont les chefs, possesseurs des domaines des anciens ducs de France, avaient, en outre, le titre royal, et, avec ce titre, un immense héritage de droits tombés en désuétude, mais susceptibles de revivre.

Le prince capétien fut réduit, à l'origine, aux services que les habitants de ses domaines lui devaient comme à leur seigneur particulier. Sans doute, il était, en théorie, suzerain de tous les feudataires du royaume ; mais les principaux de ces feudataires étaient ses égaux en puissance ; il ne pouvait les contraindre ; ils en prenaient à leur aise. Au XIIᵉ siècle, un chef d'État féodal, — le duc de Bourgogne ou le

comte de Flandre, par exemple, — pensait encore
s'acquitter suffisamment de ses devoirs en amenant au
roi, lorsqu'il était semons, dix chevaliers seulement.
L'obligation militaire féodale ne valait, en dehors du
Domaine, qu'un appoint dérisoire aux armées capétiennes.

Dans le Domaine, le prince capétien avait droit aux
services de ses vassaux nobles, pourvus de fiefs, qui
étaient tenus, comme partout, à l'ost et chevauchée.
Contingents utiles pour une expéd: a qui devait durer
quarante jours ; mais il n'y avait pas à compter sur
eux pour une expédition prolongée. Les grandes armées capétiennes qui, — au temps de Philippe-
Auguste, par exemple, — ont repoussé l'étranger,
n'ont donc pas été fournies par le devoir des fiefs.

Ont-elles été fournies par les roturiers du Domaine ?
— Sur ce point, des opinions différentes ont été successivement soutenues. — Les anciens historiens militaires, La Roque et le P. Daniel, pensaient que, dans
les États féodaux, les roturiers ne furent astreints à
aucun service régulier. Plus tard, au temps de Louis-
Philippe, des écrivains, préoccupés de relever le
prestige de la Garde nationale en lui trouvant des ancêtres, ont déclaré que la bourgeoisie armée des communes avait été le nerf des osts capétiens. Puis, on a
essayé d'établir des distinctions entre les roturiers qui
avaient et ceux qui n'avaient pas le droit de se racheter
du service (1). Mais tous ces systèmes ont été ruinés
lorsque les documents sur lesquels ils s'appuyaient ont

---

(1) E. Boutaric, dans son *Histoire des institutions militaires de
la France* (Paris, 1863, in-8°).

été regardés de près. M. Borrelli de Serres, qui les a étudiés, a déblayé le terrain de tous les détritus d'erreurs traditionnelles qui l'encombraient depuis longtemps (1).

M. Borrelli de Serres a très bien distingué ce qui avait été confondu : le service féodal des communautés roturières et les services rendus par des roturiers à d'autres titres.

Un grand nombre de roturiers étaient groupés, dans les domaines des Capétiens comme ailleurs, en communautés plus ou moins autonomes : communes ou villes coutumières. Ces communautés étaient considérées comme des personnes féodales. Une commune, c'est, en droit, un vassal noble. Il suit de là que les communautés roturières du Domaine devaient au roi-seigneur, comme des vassaux nobles, les services militaires prévus et définis dans leurs chartes. Or, la plupart des communes s'étaient arrangées pour que, dans leurs chartes, les services militaires fussent réduits à presque rien : quelques jours, vingt-quatre heures, dans un court rayon autour de leurs murs.....
— Le service féodal des communautés roturières était donc, comme le service féodal des gentilshommes, trop embarrassé de restrictions, trop limité, trop précaire, pour qu'un chef d'Etat, exposé à soutenir de grandes guerres, s'en soit jamais contenté.

Mais, nous l'avons vu, il y avait, à côté de l'obligation réelle, née du contrat de fief entre seigneur et vassal, l'obligation personnelle illimitée de l'homme-

---

(1) Voir l'article intitulé « Les prisées du service roturier » dans *Recherches sur divers services publics du XIII° au XVII° siècle*, par M. le colonel Borrelli de Serres (Paris, 1895, in-8°).

lige envers son seigneur. Et, dans les domaines capétiens, cette obligation personnelle pouvait être con-
fondue avec l'ancienne obligation, également illimitée,
du sujet envers l'héritier de l'empereur-roi carolingien. Ce que les Capétiens n'avaient pas le moyen
d'exiger en tant que seigneurs féodaux, ils l'ont exigé
autrement.

LE

SERVICE MILITAIRE SOLDÉ

Par M. LANGLOIS

DE L'UNIVERSITÉ DE PARIS

LE SERVICE MILITAIRE SOLDÉ

————

I.

En cas de nécessité, le chef d'État féodal avait droit aux services de tous les hommes de sa terre. En ce cas, les privilèges limitatifs du service militaire, qui étaient inscrits dans les contrats de fief ou dans les chartes des communautés roturières, tombaient. Tout le monde devait marcher. L'arrière-ban, c'est l'ancienne levée en masse des temps carolingiens.

Tout le monde devait marcher. Mais, pour plusieurs raisons, les Capétiens n'ont jamais poussé à bout ce principe. Si tous les hommes des domaines capétiens s'étaient réellement levés en masse, — ce qui est difficile à concevoir, — qu'est-ce que l'on aurait fait de ces levées tumultuaires? La levée en masse réelle convenait, à la rigueur, pour les gentilshommes. Mais les roturiers? Mieux valait s'arranger avec eux. Ou bien chaque communauté roturière était autorisée à se faire représenter par un certain nombre de « sergents » et de charrettes équipés à ses frais; ou bien on acceptait d'elle une somme équivalente à celle que l'équipement, la solde et l'entretien d'un contingent aurait coûté. De pareilles transactions étaient avantageuses pour tous : pour les communautés roturières, dont le devoir (illimité) d'arrière-ban était ainsi ramené à une contribution définie, en hommes ou en argent; pour le prince, qui, à la place d'une foule de recrues dont il n'aurait su que faire, obtenait soit des contingents tout prêts à faire campagne, soit, en cas de rachat, de quoi payer des soldats de profession.

Dès qu'une grande guerre était décidée par le chef d'État capétien, assisté de son conseil, les gentils-hommes étaient convoqués en personne. Des gens du roi allaient s'entendre sur place avec les communautés roturières; les autorités locales fixaient, d'accord avec eux, d'après les précédents et les circonstances, le chiffre des sergents et des charrettes à fournir, ou celui de la somme équivalente. Il était naturel que le roi préférât, d'ordinaire, la méthode du rachat; car, si les communautés envoyaient des contingents, elles les composaient à leur gré et elles en désignaient les chefs, tandis qu'avec l'argent des rachats, le roi pouvait payer des soudoyers et des capitaines de son choix. Le gouvernement royal n'optait sans doute pour la méthode des contingents que lorsqu'il ne croyait pas être en mesure de recruter aisément, vu la situation du marché où s'offraient les soldats de métier, la quantité d'hommes nécessaire. M. Borrelli de Serres a constaté que le service des communautés roturières se fit sous forme d'imposition en 1194, 1202, 1226, etc., et que des contingents roturiers ont réellement figuré dans les osts capétiens pendant la campagne de Bouvines et en 1253.

L'armée d'un grand État féodal, tel que l'État formé

par les domaines personnels de la famille capétienne,
était donc composée essentiellement d'une très nombreuse « maisnie » soldée : soudoyers, nobles ou non,
nationaux ou étrangers, qui avaient embrassé le métier des armes et qui savaient ce métier. Le service
féodal, aussi bien celui des fiefs nobles que celui des
communautés roturières, ne procurait qu'un appoint.
Pareil phénomène s'observe en Angleterre, où non
seulement les roturiers, mais les nobles, se sont, de
bonne heure, rachetés, — ce qui permit aux Planta-
genets d'employer, pour leurs grandes guerres conti-
nentales, des professionnels expérimentés.

Cela dit, il reste à indiquer que le principe de l'arrière-ban et la pratique du rachat ont été étendus peu
à peu, par les rois capétiens, de leurs domaines particuliers à la France tout entière.

Le droit d'arrière-ban des rois capétiens dans le
royaume tout entier ne fut pas proclamé à un moment
donné, ni reconnu tout d'un coup. Il s'est imposé len-
tement, de proche en proche, à travers d'innombrables
difficultés. Pendant des siècles, les rois ont dû multi-
plier les précautions. Une de ces précautions consista
à n'exiger le service militaire « pour la défense du
royaume » (*pro defensione regni*), dans les grandes
seigneuries hors du domaine, que par l'intermédiaire
des seigneurs. Les gens du roi composèrent avec les
seigneurs, représentant de leurs hommes, comme ils
avaient d'ancienneté l'habitude de le faire avec les
communautés roturières et les abbayes du Domaine.
A la fin du XIIIe siècle, en cas de guerre nationale, les
commissaires royaux allaient s'entendre, dans toute
la France, avec les seigneurs et les communautés des
pays non-domaniaux ; ils convenaient, d'accord avec

eux, d'un contingent ou d'un équivalent. Les seigneurs consentaient assez volontiers au rachat, car ils
en profitaient pour « tailler » leurs hommes d'une
somme un peu supérieure à celle qui devait être
versée au roi, et la différence était pour eux. Ou
bien encore les gens du roi levaient eux-mêmes l'imposition sur les hommes du seigneur, avec sa permission, en lui en abandonnant quelque chose. A la
longue, l'assentiment du seigneur fut supposé, et la
fiscalité royale se trouva partout, directement, en
présence du contribuable. A partir de Philippe le Bel,
les rois ont fait lever couramment par leurs commissaires, dans toute la France, des impôts sur le capital
et sur le revenu, à titre de compensation pour le service militaire dû *pro defensione regni*.

Dès lors, il n'y avait plus qu'un progrès à accomplir. Pour défendre la France (et, au besoin, pour
l'agrandir), le roi a besoin d'une armée. Sans argent,
pas d'armée. Sans impôt, pas d'argent. L'existence
de l'armée est liée à l'existence de l'impôt. Or, le rachat
du service militaire dû *pro defensione regni*, — ce
rachat, généralisé dans le royaume tout entier, —
équivaut à un impôt ; c'est un impôt. Mais c'est un
impôt extraordinaire. Levé « en cas de nécessité », il
fournit au roi une armée chaque fois qu'il y a guerre ;
en temps de paix, il n'a pas de raison d'être. Transformer tout doucement l'extraordinaire en ordinaire,
voilà l'œuvre réservée au XIVe et au XVe siècles. En fin
de compte, l'*aide perpétuelle*, perçue régulièrement
tous les ans, en temps de paix comme en temps de
guerre, eut pour corollaire le rétablissement de cette
institution qui avait cessé d'exister depuis la chute de
l'Empire romain : une armée permanente.

II.

Il suffit d'avoir indiqué comment l'histoire générale des armées royales en France, au moyen âge, est liée à la décadence du régime féodal, aux origines de l'impôt et à la formation de l'unité française. L'objet principal de cette seconde conférence est de décrire très sommairement l'organisation interne des armées soldées jusqu'à l'établissement de la permanence, et les mœurs du soldat de métier.

Une armée soldée suppose une grande administration, des écritures de toutes sortes. Pour l'histoire de l'organisation des armées soldées, les comptes, les paperasses de trésorerie et d'intendance sont les sources principales. Mais de deux choses l'une : ou ces paperasses ont été conservées, ou bien elles sont perdues. Si elles ont été détruites, il faut renoncer à rien savoir, car, sans documents, pas d'histoire. Si elles ont été conservées, encore faut-il qu'elles aient été dépouillées. Or, il ne subsiste aucun, ou presque aucun document relatif aux armées royales de France avant la fin du XIIᵉ siècle. Au XIIIᵉ siècle, les documents sont déjà nombreux, mais fragmentaires, dispersés. A partir du XIVᵉ siècle, l'abondance des textes est accablante; il y en a trop; les érudits n'ont pas fini de les lire (1). D'où il suit que la situation de l'his-

---

(1) Et on en découvre encore, de temps en temps, de nouveaux. La Bibliothèque nationale a acquis, en 1897, six volumes de comptes originaux des trésoriers des guerres sous les règnes de Philippe VI de Valois et de Jean II (Nouv. acq. fr. 9236-9241).

torien des institutions militaires n'est pas très bonne ; l'histoire primitive sera toujours mal connue, faute de renseignements ; l'histoire des derniers siècles du moyen âge l'est encore, parce que tous les renseignements n'ont pas été recueillis.

Il est certain, du moins, que, dès le XIIe siècle, les soldats de métier étaient le nerf des armées capétiennes. Louis VII avait une chevalerie soldée. C'est avec des chevaliers, des sergents à cheval et des sergents à pied soldés que Philippe-Auguste fit ses guerres. Comment ces troupes étaient-elles recrutées, payées, encadrées, commandées ? Des comptes du temps de la minorité de Louis IX (notamment de 1231) permettent de s'en faire une idée, car, de Louis VII à Louis IX, il n'y eut pas, à cet égard, de changements considérables (1). On est même fondé à croire que les pratiques en vigueur pendant les derniers siècles du moyen âge ressemblaient en gros à celles des siècles antérieurs. Les analogies sont sensibles entre les « routiers » de Philippe-Auguste (2), les « grandes compagnies » du XIVe siècle et les « écorcheurs » du XVe.

La question capitale, — la seule qui sera effleurée ici, car il faut choisir, — est celle du recrutement. Les

---

(1) Ce que l'on sait, par les comptes, de l'armée royale soldée au temps de la minorité de Louis IX, a été exposé par M. E. Berger, dans son livre : *Blanche de Castille* (Paris, 1895, in-8°), p. 296 et suivantes.

(2) Les « routiers » (du vieux français *route*, qui signifie « troupe ») étaient des soudoyers étrangers (Brabançons, Aragonais, Navarrais, etc.) que les rois de France et d'Angleterre avaient engagés, par bandes, à la fin du XIIe siècle.

soudoyers étaient enrôlés soit individuellement, soit par bandes. Ceux qui étaient enrôlés par la première méthode étaient répartis en unités de combat qui, pendant longtemps, se sont appelées « dizaines » (lorsqu'il s'agissait de cavaliers) et « connétablies » (lorsqu'il s'agissait de gens à pied), sous des chefs à la nomination du roi. Mais la seconde méthode était très usitée : un grand seigneur, un capitaine d'aventure, qui avait un certain nombre d'hommes attachés à sa fortune, stipulait pour lui et pour sa « compagnie »; il s'engageait à servir avec tant de gens d'armes, équipés de telle façon, pendant tel espace de temps. Au XIVe et au XVe siècles, tantôt les capitaines de compagnie touchaient seuls l'argent du roi, qu'ils répartissaient entre leurs hommes, conformément à ce qui avait été convenu privément entre eux et lui; tantôt ils ne touchaient que leur solde, et celle de leurs compagnons était versée directement, par le Trésor, aux officiers subalternes.

Ces procédés avaient des avantages et des inconvénients. Entre le capitaine, chef de bande, et ses compagnons, il y avait le lien personnel très fort qui résulte d'un libre choix réciproque. Et tous les chefs de bande étaient gens d'expérience et d'énergie, car des soudoyers de profession se seraient bien gardés de confier au premier venu leurs intérêts et leur vie. D'autre part, les capitaines pouvaient être tentés, pour accroître leurs profits, d'employer des artifices au préjudice du roi; c'est ainsi que, de tout temps, quelques-uns ont grossi leurs troupes les jours de « montre » (de revue) avec des passe-volants, et se sont fait payer comme s'ils avaient eu sous leurs ordres plus d'hommes qu'ils n'en auraient pu, réellement, mettre en ligne. De plus, comme l'armée n'était pas permanente, le problème du licenciement se posait d'une manière tragique à la fin de chaque campagne. Il y avait péril certain que des bandes de soudoyers, engagées pour une guerre, gardassent, la paix conclue, leur organisation et travaillassent pour leur compte.

III.

Si l'on veut se figurer l'aspect des armées soldées du moyen âge et connaître les mœurs des soudoyers de ce temps-là, c'est aux chroniques et aux mémoires militaires qu'il faut, de préférence, s'adresser. Trois livres sont, à cet égard, hors de pair : ceux de Guillaume Guiart (pour le règne de Philippe le Bel), de Froissart (pour la Guerre de Cent ans) et de Jean de Bueil (pour le XVᵉ siècle).

Guillaume Guiart était d'Orléans. Il fit partie, comme porte-bannière, d'un contingent de 420 sergents que sa ville natale envoya, en 1304, à l'armée de Flandre. Tous les hommes de ce contingent étaient, dit-il, munis d'un chapeau de fer, d'un écu et de gantelets, vêtus, sur une première tunique rembourrée, d'un petit haubert (haubergeon) de mailles et, sur le haubergeon, d'une cotte noire chargée des armoiries d'Orléans. Il fut blessé dans une petite affaire, au début de la campagne. Évacué sur Arras, il profita de ses loisirs pour composer un poème intitulé : *Branche des royaux lignages*. Vers 1313, il était « menestrel » à Paris, possesseur d'un petit bien dans le quartier

Montfetart (Mouffetard). Voilà tout ce que l'on sait
sur son compte. Son poème est très précieux pour
l'histoire militaire. Il abonde en tableaux précis
comme des photographies. Citons, entre autres, la des-
cription des premiers mouvements de l'ost qui se
battit à Mons-en-Puelle, le rassemblement à Arras et
surtout la marche sur Fampous. — L'armée s'avance
par « compagnies », *routes* après *routes ;* d'abord, la
chevalerie (ducs, comtes, barons, etc.), les destriers
que les garçons tiennent en bride, les sergents ordonnés en « connétablies » ; puis, les clercs qui chantent
des motets, les bidauds qui dansent, les charretiers
qui jurent, les filles qui rient, les hérauts d'armes qui
crient, les trompettes, les tambours et les ribauds qui
font un bruit d'enfer. Halte. Les capitaines et les
« connétables » des compagnies tendent leurs tentes
ou pavillons sur les emplacements qui leur sont assi-
gnés. Ceux qui n'ont pas de tentes se font des « loges »
de feuillage. Le camp, entouré d'une enceinte, n'a pas
moins d'une lieue de long. A l'intérieur, dans les
« rues » du camp, circulent les gens qui suivent l'armée pour gagner : pâtissiers en plein vent, débitants
de vin et d'ale, marchandes de fromage et de pain.
Il y a aussi des « brelandiers » qui jouent aux dés sur
l'herbe verte, et font jouer les soldats. Les armées de
ce temps-là étaient alourdies d'une incroyable quantité d'*impedimenta*, de femmes et de chenapans qui
« gaaing en guerre atandent ». Cette populace net-
toyait tout, méthodiquement, sur son passage, et ne
contribuait pas peu à donner aux expéditions militaires
un caractère de férocité :

> Li .I. armeures aportent
> D'ommes occiz toutes sanglantes

Qu'il desirent a mettre en vente...
Li autres vienent tuit charchié
Et troussez comme heriçonz
De robes et de peliçons...
Bidauz, Navarrois, Espaigniaus,
Ramainent vaches et aigniaus.
Aucuns d'eus vienent par les voies
Troussez de gelines et d'oies (1)...

Personne n'a mieux décrit la guerre, telle qu'on la faisait au XIVe siècle, que Froissart, cet excellent chanoine, très pacifique, qui n'aimait pas à s'approcher personnellement des lieux où se distribuent des coups, mais qui, pendant sa longue vie, a connu, écouté et interviewé beaucoup de bons compagnons. Ce qui fait le prix du livre de Froissart, c'est qu'il est l'écho des préjugés et des sentiments de l'aristocratie militaire que Froissart a fréquentée.

Les sentiments de Froissart sont ceux de l'aristocratie militaire de son temps. Les voici. D'abord, une impassibilité effrayante : les pires excès le laissent froid. En second lieu, indifférence en matière de patriotisme. Il était originaire du Hainaut, terre d'Empire, et ses principaux protecteurs étaient à la cour d'Angleterre : il n'est donc pas surprenant qu'il ne soit pas Français de cœur ; mais on constate qu'à ses yeux, changer de parti, passer des Anglais aux Français, et réciproquement, n'est pas une trahison : « J'ouïs dire une fois, raconte-t-il, au seigneur d'Albret [parent de Charles V] une parole que je notai bien. Un chevalier

(1) Voir l'*Histoire littéraire de la France*, t. XXXI (p. 104), et les *Historiens de la France*, t. XXII.

qui l'avait servi lui demandait comment il allait. Dieu
merci, dit il, je me porte assez bien ; mais j'avais plus
d'argent, et aussi avaient mes gens, quand je faisais
guerre pour la partie du roi d'Angleterre que je n'ai
maintenant [au service de la France] ; car, quand nous
chevauchions à l'aventure, nous ne faillions point
tous les jours que nous n'eussions quelques bonnes
prises. Et maintenant, tout nous est mort! » Le vrai
pays de Froissart, on l'a très bien dit, c'est le monde
« chevaleresque ». Français ou Anglais, les gens à pied
(« piétaille », « pendaille », « ribaudaille ») lui inspi-
rent du mépris. Français ou Anglais, les gentilshommes
de haut parage et les capitaines d'aventure (surtout
quand ils ont réussi, comme Eustache d'Auberchi-
court, à s'allier aux familles royales), ont sa respec-
tueuse estime. Or, il s'est chargé lui-même de montrer
ce qu'étaient, presque tous, ces capitaines d'aventure : d'effrontés pillards, sans pitié, sans patrie, à
vendre au plus offrant (1).

Le recrutement par bandes sortit, en effet, au
XIVe siècle, — comme au temps de Philippe-Auguste,
mais avec plus d'intensité, — ses pleins et entiers
effets. Les bandes ou « Compagnies » (fortes de plusieurs centaines, parfois de plusieurs milliers d'hommes), dont les rois louaient les services, étaient rarement payées avec ponctualité, à cause du malheur
des temps. Lorsqu'elles ne recevaient point de solde,
elles étaient tacitement autorisées à se ravitailler et à

---

(1) Lire, dans Froissart, l'épisode, si caractéristique, des regrets
d'Aymerigot Marches : « Il n'est temps, esbatemens, or, argent,
ni gloire en ce monde que de gens d'armes et de guerroyer ainsi
que par ci-devant avons fait... », etc.

se procurer de l'argent par les moyens qui leur plai-
raient. De là, la coutume des *patis*. Dans la langue du
XIVᵉ et du XVᵉ siècles, un patis est une convention (un
pacte) entre une bande et les communautés rurales ou
les villes où ladite bande opère ; par ces espèces de
traités, les capitaines de gens de guerre s'engageaient
à laisser tranquilles les communautés et les villes qui
leur payaient une redevance, et même à les protéger
contre les bandes voisines. Sur le mot « patis » fut
forgé le verbe *appatisser*. Appatisser quelqu'un, c'était
le forcer à conclure un patis. La grande préoccupation
des capitaines d'aventure, — des « pauvres brigands »,
comme dit Froissart, — était d'augmenter le nombre
des patis qui leur valaient des rentes. A ce métier,
quelques-uns se sont élevés très haut : tel, cet Arnaud
de Cervole, dit l'Archiprêtre, qui essaya d'appatisser
le pape en personne dans Avignon, ce qui ne l'em-
pêcha pas de devenir lieutenant du roi en Berri et
d'épouser l'héritière de la maison de Châteauvillain.
Quelques-uns aussi se sont fait pendre. La plupart des
chefs de bandes (et quantité de leurs hommes) étaient,
du reste, étrangers à la France proprement dite : c'é-
taient des Flamands, des Hollandais, des Castillans,
des Allemands, des Gallois, des Bretons, des Sa-
voyards, des Gascons. Ils avaient, cela va sans dire,
des qualités militaires ; mais leur idéal était très bas ;
et leurs succès, les honneurs officiels qu'ils recevaient
étaient, pour les capitaines français, grandement dé-
moralisants (1).

---

(1) D'excellents ouvrages ont été publiés, de nos jours, sur les
Grandes Compagnies du XIVᵉ siècle. Ceux de MM. Chérest (sur
L'Archiprêtre) et Luce (sur *Bertrand du Guesclin*) sont célèbres.

Jean de Bueil, l'auteur du traité d'éducation militaire intitulé : *Le Jouvencel*, ou *Le Jouvencel introduit aux armes*, écrivait un demi-siècle après la mort
de Froissart. C'est un bon Français, d'une famille
tourangelle, qui apprit le métier des armes dans la
compagnie de La Hire, fut capitaine à son tour, enfin
conseiller militaire du Dauphin (le futur Louis XI) et
amiral de France. C'est une des figures les plus sym-
pathiques parmi les gens de guerre qui ont été les
contemporains de Jeanne d'Arc ; car c'était un soldat
passionné pour son métier et, en même temps, un
brave homme. Il a, dans sa vieillesse, composé *Le
Jouvencel* pour faire profiter les nouvelles générations
de l'expérience d'une vie qui s'était passée presque
tout entière sous le harnais, pour enseigner aux
jeunes gens comment il faut obéir et comment il faut
commander (1).

Jean de Bueil entreprend donc de conter la vie du
« Jouvencel », jeune et pauvre gentilhomme, qui, par
sa bonne conduite, parvint aux plus grands honneurs.
Et il ne dit pas, mais nous savons, que le Jouvencel
c'est lui-même : il raconte sa propre histoire.

La première scène se passe dans un château déla-

Comparer, aux capitaines du temps de Froissart, le castillan
Rodrigue de Villandrando, comte de Ribadeo, capitaine au service
de Charles VII, dont M. J. Quicherat a si bien raconté, en 1879, la
vie et les aventures.

(1) Le livre de Jean de Bueil a été publié par MM. Favre et
Lecestre pour la Société de l'Histoire de France. — Les autres écrits
du même genre qui existent dans notre ancienne littérature (le
Guidon des guerres, l'*Arbre des batailles*, le *Rosier des guerres*) sont
beaucoup moins intéressants.

bré, près du Mans. Ce château est occupé par une troupe d'hommes d'armes, très délabrée aussi. Mais ce n'est pas l'ordinaire des gens de guerre d'être autrement : « Il en est ainsi communément des gens de guerre, car ils sont nés et ordonnés à peine et à travail ; mais leur réconfort est dans le haut vouloir qu'ils ont d'honneur avoir. » — Il y avait, dans ce château, un jeune gentilhomme très courageux qui, chaque jour, s'en allait seul avec son page pour « gagner » sur ceux du parti adverse, cantonnés non loin de là. Sa hardiesse lui valut l'estime de son capitaine. L'estime de son capitaine lui fit concevoir de l'ambition : il exprima le désir d'aller à la cour ; ses compagnons l'en détournèrent : « Hé, beau sire, lui dirent-ils, puisque vous voulez être homme de guerre, ne vous vaut-il pas mieux faire votre métier? Quand vous le saurez bien, vous en vivrez bien, et les princes vous accueilleront volontiers, car ils auront toujours besoin de vous : il y a toujours guerre quelque part ; les grands seigneurs ne peuvent longtemps durer en paix. Si vous savez bien faire aux armes, vous ne pouvez manquer de parvenir à de trois choses l'une : ou vous mourrez (et par là tout est réglé) ; — ou vous vivrez pauvre, honoré, et après vous sera renommée de votre nom comme de messire Bertran du Guesclin, messire Godifer de La Salle et autres bons chevaliers ; — ou, peut-être, vous deviendrez le plus grand empereur du monde. Pour ce, je vous prie, Jouvencel, suivez ce que vous avez commencé. »

Le Jouvencel reste dans la compagnie. Il ne tarde pas à contribuer à la prise d'une ville. Là-dessus, le capitaine adresse à ses hommes un discours : « Beaux seigneurs, dit-il, nous avons fait, Dieu merci ! une

belle conquête et un service au roi, notre souverain
seigneur, qui pourra être bien profitable à la chose
publique de ce royaume. Mais il y a deux questions
à régler. — D'abord, il faut nous conduire ici de
manière que Dieu et le monde soient contents de
nous. S'il plaît au roi, notre sire, nous bailler ordre
de vivres ou soudées pour nous soutenir, nous le
servirons en toutes ses affaires et nous obéirons à ses
commandements, sans lever ou exiger aucune chose
sur les habitants de ce pays-ci. Si, au contraire, pour
une raison ou pour une autre, il ne nous peut donner
provision de payement ou de gages, il nous faudra
lever de nous-mêmes vivres et finances, tant sur ceux
de notre obéissance que sur nos ennemis, le plus rai-
sonnablement que faire se pourra. Et prendrons tri-
buts et appatissements sur nos adversaires le plus que
nous pourrons, et sur ceux de notre parti ferons aucune cueillette, la moindre et la plus douce que faire
se pourra, en leur remontrant comment, par ce
moyen, nous les soutiendrons contre tous ceux qui
voudraient les exploiter. Et ainsi passerons le temps
jusqu'à ce qu'il plaise au roi de penser à nous. — En
second lieu, il faut choisir un nouveau capitaine. Je
suis vieux ; je vous conseille que nous fassions le Jouvencel, qui est noble et de bon lieu, notre bras droit
et le chef de notre guerre. » — Tous, dit l'auteur du
roman, déclarèrent qu'ils voulaient bien être et demeurer sous la conduite du Jouvencel, puisque c'était
le plaisir du capitaine. De son côté, le Jouvencel re-
mercia en disant que, « puisqu'ils le voulaient, il était
content de prendre cette charge, non pas comme leur
seigneur, mais comme leur ministre et serviteur, en
les priant qu'ils le voulussent toujours bien et loyale-

ment conseiller. » — Ce transfert de l'autorité dans la bande fut suivi de plusieurs jours de ripaille.

Le Jouvencel, promu par le libre suffrage de ses compagnons au grade de capitaine, accomplit divers exploits. Finalement, il se trouve obligé de demander du secours au roi, qu'il sert sans avoir reçu jusque-là aucune investiture officielle. Le roi envoie une armée et nomme le Jouvencel à la dignité de son « lieutenant » dans la région où la bande opérait depuis plusieurs années. La cérémonie de l'investiture est racontée dans le roman. Un des commissaires royaux parle touchant la justice, police et gouvernement du pays dont le lieutenant du roi a la garde : « Ayez l'œil sur les gens d'armes ; qu'ils ne fassent violence à nul. L'exercice des armes les émeut à donner coups, répandre sang et à faire choses par force. Punissez-les promptement, sans long procès ; car, eux-mêmes, ils sont prompts à l'exécution. » — Un second commissaire parle des devoirs militaires : « Chevauchez toujours en ordonnance, soit en paix, soit en guerre, pour habituer vos gens à être toujours prêts. Ne permettez à personne de parler devant vous sans être interrogé, si ce n'est pour vous apporter des nouvelles ; car plusieurs gens veulent contrefaire les vaillants et vous diront : « Monseigneur, faites ceci ; monseigneur, « faites cela », tant seulement pour pouvoir dire plus tard : « C'est moi qui l'ai conseillé »; ou bien : « Ah! « si l'on m'avait écouté! » D'habitude, ce sont gens qui ne valent rien et s'appellent hypocrites de guerre. Faites chasser ces gens-là, chassez-les : ils rompent l'entendement du chef. » — La cérémonie prend fin par un discours du Jouvencel, où l'on remarque ces paroles, adressées aux gens de sa compagnie : « Mes-

sieurs, nobles de lignée et pauvres soudoyers, nous
sommes ici tous nobles. Je vous dis que le harnais
(l'uniforme) est de telle noblesse que, dès qu'un homme
d'armes a le bacinet en tête, il est noble et digne de se
mesurer avec un roi. *Les armes ennoblissent l'homme,
quel qu'il soit.* Or donc, avisons quelque bonne chose
à faire, pour le bien du roi et de la chose publique du
royaume, afin qu'on dise que les nobles font leur devoir. »

Grâce au Jouvencel et aux autres lieutenants du roi,
l'ennemi (les Anglais) est enfin expulsé du royaume.
La paix est conclue. Que vont devenir tant de braves
gens subitement licenciés ? Jean de Bueil n'a pas manqué de traiter ce grave problème, qui fut, jusqu'à la
création des armées permanentes, périodiquement
menaçant (à la fin de chaque guerre), et absolument
insoluble. « Que ferons-nous de nos gens d'armes? »
dit le roi. A cette question, les hommes de loi, con-
seillers des rois de France, ont, pendant plusieurs siècles, fait la réponse que Jean de Bueil a placée (sans
intention ironique) dans la bouche du chancelier de
France, et qui, dégagée d'artifices oratoires, peut se
résumer ainsi : « Qu'ils se fassent tuer ailleurs ». « Le
roi, messeigneurs, dit le chancelier, désire faire son
devoir envers messeigneurs de la guerre, qui l'ont si
bien servi. Effectivement, il ne doit pas être ingrat,
pour que chacun ait toujours meilleur cœur et bon
vouloir de le servir. En les pourvoyant, il fera son
devoir. Or, la manière de les bien pourvoir, c'est de
leur donner exercice. Il faut leur bailler un bon chef
et une bonne querelle à soutenir. En leur baillant une
bonne grosse guerre bien fondée et à bon titre, ils
seront honorablement pourvus, car à gens d'armes est

défendu le repos. Si le roi les laissait oisifs dans ce
royaume, ils deviendraient gras, et, en accomplissant
les sept péchés mortels, ils mourraient avant leurs
jours sans tirer pénitence des maux qu'ils ont faits.
Et ainsi vous pourvoirez, non seulement au corps,
mais à l'âme ». Cet avis est adopté, et le Jouvencel
mène l'armée, que la paix rend inutile, au secours
d'un roi voisin, menacé par des rebelles. Tel du Guesclin conduisant les Grandes Compagnies en Espagne,
sous Charles V ; tel Louis de Bueil, frère de Jean, conduisant, sous Charles VII, les « Écorcheurs » contre
les Suisses.

IV.

Le temps manque pour énumérer les efforts qui ont
été faits, du XIIIᵉ au XVᵉ siècle, pour réglementer
l'équipement et la solde des troupes soldées du roi, la
répartition en unités de combat, la hiérarchie et la
discipline. On ne le regrette guère. Ces détails se
tirent en partie d'ordonnances militaires, copiées les
unes sur les autres, dont la filiation n'est pas encore
bien établie, et qui, pour la plupart, ont été mal
appliquées, ou sont restées lettre morte.

Rappelons seulement que deux rois ont essayé, plus
énergiquement que les autres, d'organiser l'armée
royale : Charles V, Charles VII. Mais c'est Charles VII
qui, suivant l'expression du chroniqueur Guillaume
Gruel, « trouva l'ordonnance de vivre aux gens d'armes
de France »; c'est au temps de Charles VII que fut
opérée la grande réforme à partir de laquelle commence l'histoire des armées modernes.

Le 2 novembre 1439 fut publiée la fameuse *Prag-
matique* relative aux gens de guerre. Désormais, plus
de capitaines que ceux qui seraient institués par lettres
royales (Charles V avait déjà ordonné la même chose);
— plus d'hommes admis au service royal que ceux
dont la vie et les mœurs seraient jugées sans reproche,
plus de courses, d'incendies, de pilleries (Charles V
avait déjà essayé de « nettoyer » les compagnies); —
plus de campements en lieux vagues, ni de séjours
ailleurs que dans les villes ou bourgades frontières
qui seraient désignées par le roi, pour servir de « garnisons ». Ces dispositions de 1439, réitérées en 1440,
sont surtout intéressantes comme symptômes, car
c'est six ans après seulement que le rétablissement de
la paix et des saignées faites en Suisse aux Compagnies d'aventuriers, permirent de prendre enfin des
mesures définitives.

En 1445, à Châlons, fut adopté par le Conseil du roi
un système d'armée permanente en temps de paix
comme en temps de guerre, maintenue à effectif
constant, payée tous les mois et cantonnée, par petits
détachements, faciles à surveiller, dans les villes. Il y
aurait 15 compagnies, dites « d'ordonnance », cent
lances par compagnie, dont le commandement serait
confié aux capitaines les plus sûrs. Les vétérans des
dernières guerres, au retour d'Alsace et de Suisse, où
ils avaient été décimés, défilèrent, à la frontière de
France, devant le Connétable et les 15 capitaines,
escortés de forces respectables, chargés de désigner
ceux qui seraient admis à entrer dans la nouvelle
armée régulière. Le triage se fit : les hommes éliminés
furent ramenés dans leurs foyers, et invités à reprendre les travaux des champs, sous peine de mort ;

le problème du licenciement fut ainsi, une fois pour toutes, résolu. Les noms des 15 capitaines, chefs de la première armée régulière qu'il y ait eu en France, ne sont pas tous connus, mais on sait que les étrangers ne furent d'abord exclus ni du service, ni du commandement dans les « compagnies d'ordonnance » : une des quinze compagnies, qui prit le nom de Compagnie des Espagnols, fut placée sous les ordres d'un certain Martino Enriquez ; les « Rodriguais », anciens compagnons du célèbre aventurier Rodrigue de Villandrando, y étaient nombreux.

A partir de Charles VIII, on distingue l'*Ordinaire* et l'*Extraordinaire des guerres*. L'*Ordinaire*, c'est le budget de l'armée sur le pied de paix, qui sert à l'entretien des compagnies d'ordonnance en garnison ; on voit par les comptes de l'*Ordinaire* que l'augmentation du nombre des compagnies a été continue depuis 1445 jusqu'à la fin du XVᵉ siècle : 1500 lances en 1445, 2800 en 1476. L'*Extraordinaire* représente les dépenses de l'armée sur le pied de guerre, et le budget de la réserve (arrière-ban noble et francs-archers).

L'institution des francs-archers date de 1448 : c'est le premier essai d'une infanterie nationale. Chaque paroisse était tenue de procurer un harnais convenable à un homme habitué au tir de l'arc, qui serait franc de taille (d'où le nom de franc-archer), et servirait en temps de guerre. La garde nationale des Francs-Archers (dont les cadres seuls, — un capitaine par 500 hommes, — étaient permanents) se rendit vite insupportable et ridicule ; on la chansonna (*Le Franc-Archer de Bagnolet*) ; elle disparut. Louis XI, qui enrôla des Suisses, semble avoir essayé d'utiliser ces mercenaires comme instructeurs des gens de pied qu'il leva, vers 1480, à la place des Francs-Archers. Alors furent installés, pour la première fois, dit-on, de grands camps d'instruction militaire, pour dégrossir les recrues : jusque-là, on avait toujours appris la guerre en la faisant (1).

La création de la gendarmerie régulière des compagnies d'ordonnance clôt, chez nous, le moyen âge. Mais l'état militaire que nous avons décrit a persisté hors de France, après le XVe siècle : par exemple en Allemagne, en Italie. De nos jours, il faut aller jusqu'en Abyssinie pour voir, en chair et en os, des chevaliers féodaux et des soudoyers du moyen âge.

---

(1) Voir, à propos des Francs-Archers et des premiers essais d'infanterie nationale, le mémoire de M. A. Spont, dans la *Revue des questions historiques*, avril 1897.

LES ARMÉES MERCENAIRES DE L'ITALIE

(DU XIVᵉ SIÈCLE A 1527)

Par M. GEBHART

DE L'ACADÉMIE DES SCIENCES MORALES ET POLITIQUES

LES ARMÉES MERCENAIRES DE L'ITALIE

(DU XIVᵉ SIÈCLE A 1527)

Les armées mercenaires, le capitaine étranger à la
cité ou à la province qui l'a enrôlé pour une campagne, le soldat d'aventure recruté, armé, payé par
le capitaine d'aventure et qui se bat mollement pour
une ville qui n'est point sa patrie ou pour un prince
qui n'est point son légitime seigneur : telle fut, au
moyen âge et jusqu'en pleine Renaissance, l'une des
causes les plus efficaces de la ruine politique de l'Italie. Cette infirmité militaire de tous les États de la
péninsule avait été vaguement comprise par Dante et
Pétrarque. Elle fut clairement aperçue tout à coup et
dénoncée par deux grands historiens, Guichardin et
Machiavel, à l'occasion d'un événement extraordinaire, qui révéla brusquement aux Italiens leur erreur
séculaire.

Le 31 décembre 1494, le roi de France Charles VIII
entrait à Rome. A trois heures de l'après-midi, sous
la pluie, dans la boue, on vit paraître à la porte du
Peuple et défiler au son des tambours, d'abord
6,000 Suisses et Allemands, aux jupons bariolés, coif-
fés de panaches multicolores, armés de l'épée, de la

lance, de la hallebarde, sans cuirasses : dans leurs rangs, 100 fusiliers pour 1000 fantassins. Puis, venaient, très lestes, 6,000 Gascons, petits hommes maigres, noirs de teint, « les meilleurs marcheurs de l'Europe ». Puis 2,500 gens d'armes, chacun avec un page et deux varlets. Puis, ce fut la cavalerie légère, les chevau-légers, armés du grand arc d'Azincourt bandé au rouet, montés sur des chevaux qui semblaient monstrueux, les queues et les oreilles coupées. L'artillerie s'avançait ensuite, trente canons de bronze, cent fauconneaux, des coulevrines, chaque pièce attelée de chevaux et non plus de bœufs, les plus lourdes traînées par six chevaux. Cette artillerie avait les affûts mobiles ; sur le champ de bataille, l'avant-train se détachait et la pièce, libre, se mettait en batterie.

Après l'armée, l'état-major, 300 archers de la garde écossaise, 200 chevaliers ; enfin, entouré de sa noblesse et de huit cardinaux, le Roi, « la lance sur la cuisse », écrit Guichardin.

Le défilé dura jusqu'à l'entrée de la nuit, le long des palais du Corso, jusqu'au palais de Venise où Charles VIII devait descendre. Le peuple criait : *Francia! Colonna! Rovere!* afin de plaire au futur Jules II, le cardinal Rovere, et de causer un déplaisir au pape Alexandre VI qui s'était, dès la veille, enfermé au château Saint-Ange. Mais le spectacle donnait à réfléchir. L'artillerie roulante inspirait une sorte d'inquiétude superstitieuse. Les Italiens n'aimaient pas la poudre, « cette peste, *questa peste* », dit Guichardin. Ils ne connaissaient que les énormes bombardes que le pape Sixte IV bénissait volontiers et que leur poids rendait inoffensives. Ici, la grande nouveauté, c'était la rapidité de la manœuvre et le boulet de fer remplaçant le boulet de pierre. « *Diabolico istrumento* », dit tristement Guichardin.

Autre nouveauté : la valeur morale de cet organisme militaire, complet et vivant. Le *général*, c'est le *Roi*. Les gens d'armes, les chevaliers sont les gentils-hommes du Roi, soldés non par leurs capitaines, mais par les ministres du Roi. C'est une noblesse riche, florissante, *gente fiorita*, dévouée, animée du sentiment de l'honneur, qui n'a d'autre ambition que l'estime du Roi. Le commandement, qui appartient au Roi, est fixe, immuable. C'est une armée nationale, la première qu'ait vue l'Italie, et nationale malgré l'élément mercenaire, Suisses, Écossais, qu'elle encadre. C'est aussi la première armée moderne. Les Italiens avaient connu les armées conduites périodiquement à Rome par les empereurs allemands, armées féodales, toutes en chevalerie, l'armée féodale de Charles d'Anjou, le vieil armement du moyen âge, l'homme et le cheval cuirassés, écrasés de ferrailles, la charge en masse, pesante, de ces tours mouvantes. Ici, apparaissait l'infanterie, la grosse et la légère, les Suisses qui combattent en ordre serré, « comme un mur », dit encore Guichardin, et ne lâchent jamais pied ; les Gascons, qui évoluent en un clin d'œil et déconcertent les prévisions de l'adversaire. Les Italiens, après un premier choc en masse de leur cavalerie, se battaient plus volontiers en ordre, ou plutôt en désordre dispersé, au fond des fossés, à l'abri des levées ou des digues si fréquentes dans la vallée du Pô. Cette armée était moderne aussi par sa discipline. Certes, les soldats de Charles VIII se souciaient peu du droit des gens. Philippe de Comines se plaint de leurs « pilleries » en

Lombardie. Brantôme écrit : « Armée espouventable à voir, pleine de gens de sac et de corde, meschans garnemens eschappés de la justice et surtout force marqués de fleurs de lys sur l'épaule. » Je crois cependant que ces mauvais sujets, une fois encadrés, étaient capables, en dehors de l'action et de la bataille, d'une obéissance qu'un capitaine mercenaire, indifférent au bon ordre moral de ses troupes, non moins qu'à la pitié, n'exigeait guère de ses soldats. Burchard nous apprend que le Roi, ému des plaintes des Romains, fit publier un édit sévère, défendant d'entrer par violence dans les maisons, *sub pena furcae*, sous peine de la potence. Les désordres cessèrent sur l'heure. Même le bon chapelain put se délivrer sans peine des chevaux français qu'on avait établis dans son écurie et qui mangeaient le foin de ses mules, *fenum meum consumebant*. Il les fit mettre chez ses voisins.

Enfin, singularité dernière, cette armée française traversait l'Italie, du nord au midi, sans tirer un coup de canon. Le duc de Milan, Ludovic le More, l'avait appelée au delà des Alpes, et Charles VIII marchait en avant, avec de vagues projets chevaleresques et romanesques, délivrant Pise de la lourde servitude de Florence, promettant au dominicain Savonarole de déposer le pape Borgia et de purifier l'Église, allant à Naples pour y reprendre l'héritage des Angevins détenu par les Aragons, songeant à passer à Constantinople afin d'en chasser les Turcs, puis à Jérusalem, afin de réaliser sur le tombeau de Jésus-Christ le vœu de saint Louis. Et l'armée suivait allégrement et en bel ordre, à travers la péninsule étonnée, le rêve de son Roi.

Il importe maintenant de bien faire comprendre

quelles nécessités historiques avaient imposé à l'Italie
le régime des armées mercenaires.

Partout ailleurs, en France, dans l'Empire, en
Angleterre, nous trouvons, au moyen âge, dès le
XIIIᵉ siècle, une unité, sinon *nationale*, au sens tout à
fait moderne, mais l'unité féodale. Le haut suzerain,
le Roi, l'Empereur tenait, étroitement attachée à sa
personne, à sa volonté, toute la hiérarchie féodale ; le
devoir féodal, la *fidélité*, mettait à sa disposition, pour
la guerre, tous ses seigneurs et ceux-ci lui donnaient
leurs hommes, obligés envers eux par des devoirs
analogues de fidélité et de protection. Les communes
elles-mêmes, en grande partie émancipées de l'autorité des comtes ou des évêques, relevaient, pour le
devoir militaire, de l'ordre du Roi.

Rien de pareil en Italie. Avec les invasions barbares commence un morcellement de la péninsule qui
se perpétuera, même quand les envahisseurs conquérants se croiront devenus italiens. Les Goths, les
Byzantins, les Lombards se partagent l'Italie du Nord.
Les Byzantins, les Lombards, les Arabes, les Normands, les Allemands, ou plutôt les Empereurs de la
dynastie souabe, les Angevins, les Espagnols occupent
l'Italie méridionale et la Sicile. Race étrangère, monarchie étrangère, c'est toujours l'étranger qui possède le Midi napolitain, jusqu'au roi Murat, jusqu'au
dernier Bourbon espagnol de Naples. La race conquise ne compte plus. Elle s'accommode d'ailleurs à
merveille de cette demi-servitude.

Nous n'avons affaire, en cette étude, qu'à l'Italie
autonome, à Rome, Florence, Venise, Milan et aux
cités de second ordre, Bologne, Ferrare, Urbin, Pise,
Sienne, Pérouse.

7.

Cette Italie a traversé trois États successifs : féodale jusqu'au XIIᵉ siècle, communale de la fin du XIIᵉ au commencement du XVᵉ, puis princière, gouvernée par ses *Tyrans*. Le mot ici est pris au sens antique. Le *Tyran*, le *Principe* de Machiavel est simplement le chef d'État dont l'origine est illégitime ou violente, ou même qui a passé, à son profit, d'un régime féodal que les communes avaient dépouillé de presque toutes ses prérogatives politiques, au régime de pouvoir absolu. Quant aux dates que je viens d'indiquer, appliquées à l'ensemble des faits historiques, elles sont nécessairement vagues. Ce n'est qu'au milieu du XIIIᵉ siècle que Florence se détache tout à fait du marquisat de Toscane et s'érige en république municipale. Ce n'est que vers le milieu du XVᵉ que Rome renonce à un État communal longtemps anarchique pour accepter — sans renoncer à ses incorrigibles factions aristocratiques — le principat ecclésiastique. Mais partout, à toutes les époques, jusqu'au jour où elle subira le joug espagnol ou autrichien, cette Italie, si elle manquait d'unité nationale, a su manquer, avec une obstination qui lui coûta bien cher, d'union patriotique, union dont les beaux effets de l'éphémère Ligue lombarde, en 1176, purent lui montrer l'excellence.

Plusieurs causes expliquent ce phénomène :

1º Les deux grands partis qui divisent la Péninsule dès le XIIᵉ siècle, les Guelfes, qui tiennent à l'hégémonie du Saint-Siège, les Gibelins, représentants des vieilles familles de la conquête germanique, qui se rattachent à la suzeraineté impériale. Les cités sont les unes guelfes, les autres gibelines. Chaque cité se partage entre guelfes et gibelins. C'est la guerre civile latente, permanente, les vengeances de familles, les coups de force, les confiscations, les proscriptions. Tous les jours, selon un mot terrible de Dante, « on en vient au sang ». Et le parti guelfe se déchire en deux factions : les Blancs et les Noirs.

2º C'est surtout la guerre de commune à commune, entretenue par les rivalités d'intérêts économiques. Florence a besoin, pour l'exportation de ses draps et de ses velours, de la route de mer ; elle fait la guerre à Pise qui occupe le port de l'Arno. Elle a besoin de la route de Milan et des Alpes : elle fait la guerre à Pistoja qui tient une clef des Apennins. Il lui faut, pour ses relations de banque avec Rome, la route gardée par Arezzo. Elle fait la guerre aux Arétins. Venise est sa grande rivale sur les marchés du monde occidental : Venise est une commune aristocratique, isolée du reste de l'Italie, tournée vers l'Orient : Florence mettra la main dans tous les complots ourdis par le reste de l'Italie contre Venise.

3º Ce qui reste de l'ancien régime féodal est impuissant à faire l'union. Le suzerain gibelin, l'Empereur, est étranger ; chaque fois qu'il franchit les Alpes, afin de prendre à Rome, des mains du pape, la couronne impériale et la couronne d'Italie, les villes guelfes tentent de lui barrer la route, et le peuple de Rome lui offre une émeute sanglante. Le chef du parti guelfe, le pape, est sans cesse chassé de Rome par ses patriciens ou sa populace. Les anciens seigneurs ont capitulé en face des communes bourgeoises. Ainsi, de même que l'armée nationale manqua, la grande patrie étant absente, les milices municipales, dans les petites patries divisées entre elles et contre elles-mêmes, parurent suspectes, dangereuses, plus utiles à

la guerre civile, à la guerre des rues, qu'aux luttes
sur les frontières communales. A Florence, on refusait
d'y enrôler les gibelins; à Pise, les guelfes. Le gouvernement des seigneuries se méfiait, comme d'un
ennemi intérieur, de son armée.

4° L'ordre social italien est réfractaire au régime
militaire permanent. La commune italienne est constituée par les corporations ou les *arts*. Tout citoyen y
est encadré, et très étroitement, dans une petite communauté. Mais il n'y a point de cadre pour le métier
des armes. La milice est une sorte de garde nationale
vague, recrutée par paroisse ou par quartier. Hors
des murs de Florence, on se bat très prudemment. Un
conte de Sacchetti nous montre un Florentin cavalier
qui, sur le champ de bataille, abandonne d'abord son
cheval, puis se replie tout doucement à l'arrière-
garde, enfin rentre en ville, très content de sa conduite, en disant : « il vaut mieux perdre son cheval
que la vie, et, après tout, il est plus opportun d'être
fantassin que cavalier ». A Venise, les nobles sont ar-
mateurs, amiraux, hommes d'État, diplomates; les
gens du peuple sont matelots, ouvriers de l'arsenal,
charpentiers de navires. A Florence, les bourgeois *gras*
sont changeurs, tisseurs de laines, juges, notaires,
médecins; le peuple *maigre* occupe les métiers inférieurs. En aucune commune l'armée ne forme une profession, un *art* particulier.

Ainsi, les villes italiennes, à l'époque communale,
sont obligées de payer, pour soutenir leur cause et
leurs guerres, un capitaine étranger aux passions et
aux haines de la cité. C'est le capitaine mercenaire
qui fournira et payera le personnel de son armée.

Au temps du Principat ou de la *Tyrannie*, les conditions morales et politiques ne sont pas plus favorables à la profession militaire.

Le prince se sent illégitime, puisqu'il a supprimé les derniers restes de l'indépendance féodale en même temps que les franchises municipales. Il s'installe tantôt par *pronunciamiento* et surprise, comme Gauthier de Brienne, qui s'empare de Florence pour deux ans; tantôt par usurpation, comme François Sforza, qui supplante à Milan les Visconti. Élevé au pouvoir par la trahison ou la violence, il redoute d'en être précipité par les républicains, les partisans du régime détruit, ou par un aventurier heureux. Il se soutient par des moyens atroces. Barnabò Visconti fait durer *quarante jours* les supplices de la peine de mort et lâche de temps en temps sur la populace de Milan la meute de ses dogues. Les seigneurs vassaux du prince lui sont éminemment suspects. Le lien de fidélité est brisé. Ici, je rencontre au *Novellino* un conte bien curieux, qui s'applique à Frédéric II, et convient à un Sforza, à un Malatesta, à un Borgia, car l'Empereur avait détruit, dans le Midi napolitain, l'institution féodale établie par les Normands, et son fils Manfred ne devait plus trouver de chevalerie pour le défendre contre l'invasion angevine. « Un jour, dit le vieux conteur toscan, Frédéric chevauchait avec son légat et lieutenant Ezzelino da Romano, escorté de deux cents chevaliers. Chacun de ces deux personnages prétendit que son épée était la plus belle. L'épée de l'Empereur était enrichie de pierres précieuses, celle d'Ezzelino était nue et sans ornements. Tout à coup Ezzelino tira son épée du fourreau et les deux cents chevaliers tirèrent les leurs. A la vue « de cette nuée « d'épées, *nuvolo di spade* », Frédéric changea de visage et déclara que l'arme d'Ezzelino surpassait la sienne en beauté. » Ni un roi de France, ni un roi d'Angleterre, ni un Othon le Grand, ni un Barberousse n'eût été ébloui et troublé par l'éclair des épées chevaleresques.

Les principats d'Italie, si incertains en face de leurs sujets, se disputent l'hégémonie de la péninsule. De là, entre eux tous, une implacable rivalité, des ligues éphémères brusquement rompues, de perpétuelles intrigues qui aboutissent de plus en plus, vers la fin du XVe siècle, au patronage de l'étranger, bientôt à son intervention militaire. L'Empire, la France, l'Espagne ont leurs clients parmi les princes italiens, clientèle mobile et perfide. Alexandre VI passe les dernières années de son pontificat à tendre la main tantôt à Louis XII, tantôt à Ferdinand le Catholique, parfois même aux deux puissances à la fois.

Si le Tyran n'est pas lui-même le général de son armée, tel que furent François Sforza, les Gonzague de Mantoue, les Este de Ferrare, il se voit encore forcé de remettre le commandement à un chef mercenaire qui ne rencontrera pas, dans les partis hostiles au prince, une aussi facile complicité pour une usurpation. Quant aux soldats, quel que soit le capitaine, il sera toujours aventurier, venant de tous les points de l'Italie ou même de l'Europe, au hasard, et doué de tous les vices que Machiavel nous énumérera tout à l'heure.

Ces vues historiques sur l'Etat constitutionnel de l'Italie étaient nécessaires, afin de bien saisir les raisons d'être du phénomène militaire que nous étudions. Nous pouvons, maintenant, aborder de plus près les faits eux-mêmes qui, moins imprévus, paraîtront plus intelligibles.

Les vieilles milices municipales, dangereuses pour l'ordre intérieur des communes, d'une valeur très douteuse en dehors des remparts de la cité, sont remplacées, dès le XIVᵉ siècle, par les troupes mercenaires. Et ces armées d'aventure sont de deux sortes très différentes : au XIVᵉ siècle, les Grandes Compagnies ; au XVᵉ, les Condottieri.

Les Grandes Compagnies furent la calamité suprême de l'époque. La guerre anglaise les avait déchaînées sur la France. Dans l'intervalle des campagnes, elles brûlaient et torturaient le pays. Du Guesclin, dans la seconde moitié du siècle, réussit à les détourner sur l'Espagne où il les conduisit lui-même, contre les troupes de Pierre le Cruel. Mais, auparavant, elles avaient épouvanté l'Italie en ces années d'anarchie qui suivirent la retraite du Saint-Siège à Avignon. L'Italie se trouva, grâce à cet exil volontaire de l'Église, à l'indifférence ou à l'impuissance des Empereurs, « navire sans pilote en grande tempête », avait écrit Dante avant 1320. Le brigandage organisé des Compagnies vint naturellement à elle, appelé d'ailleurs soit par les seigneurs féodaux, soit par les factions gibelines ou guelfes des communes.

Considérons d'abord le soldat de ces bandes qui marchent sous un étendard étranger à l'Italie. Les Italiens qualifient d'une façon assez incertaine de Bretons, *Brettoni*, les Anglais, qui entraînent avec eux beaucoup d'Allemands, et de *Tedeschi*, Allemands, non seulement les hommes de race germanique, mais encore les Hongrois, les plus terribles de ces routiers, cavaliers qui bondissent avec l'impétuosité sauvage des Huns d'Attila. Des Suisses, des Napolitains calabrais, des Sarrasins, des Catalans, des Gascons, tous les vagabonds implacables que l'attrait des aventures sanglantes poussait sur tous les chemins de l'Europe, se rencontrent dans ce personnel bariolé. Il est remarquable que les Italiens accusent l'Italie de pervertir les brigands. *Tedesco italianizzato, diavolo incarnato*, dit un contemporain. « Quand ils arrivent d'Allemagne, écrit un autre, ils sont simples, purs, sans ruse. Une fois mêlés aux Italiens, ils deviennent fourbes, vicieux et larrons. » Comme signe de leur habituelle férocité je leur appliquerai ce qu'écrit beaucoup plus tard, des mercenaires de César Borgia, le chroniqueur Burchard : « A San Quirico, ils n'avaient trouvé que deux vieux et neuf vieilles ; ils les pendirent par un bras, les pieds dans un brasier, afin qu'ils révélassent le lieu où leur argent était caché. Ils ne révélèrent rien et périrent dans ce supplice. »

Sur les mercenaires du XVe siècle, qui sont plus généralement des Italiens, Machiavel témoigne ainsi : des larcins, des violences, des assassinats ; toute l'écume d'une province est recueillie par le condottiere, des gens sans religion, des fils qui ont fui l'autorité paternelle, les blasphémateurs, les joueurs, tous les pires mauvais sujets. Il faut bien les accepter tous, car les cadres ne sont jamais remplis.

La Grande Compagnie apparaît, en son vaste organisme, comme une puissance étrangère établie sur le sol italien, avec laquelle on traite diplomatiquement. La *condotta* est le contrat qui lie le capitaine d'aventure à l'État qu'il consent à servir, contrat que, d'ailleurs, il se réserve de violer à l'occasion, sûr de l'impunité. Lui, il amène sa troupe guerrière au complet, les *cavalieri* et les *masnadieri*, ou fantassins. Chaque *lancia* comprend trois hommes et trois chevaux ; cinq lances forment une *posta viva*, un peloton ; cinq compagnies une *bandiera* ou *squadra*, un escadron, soit une troupe de cavalerie de 75 hommes. Cela est toujours une armée principalement de cavalerie ; les grades des officiers sont : les caporaux, les maréchaux, les connétables. Le général en chef s'appelle le capitaine, *capitaneus*. Puis, sur les pas de cette bande, suit une multitude étrange, qui achève de dévorer le pays : des notaires, des juges, des trésoriers, des courtisanes, des bourreaux. Quand le capitaine s'arrête et plante sa tente, son camp devient un vaste marché public où l'on trafique des fruits, chaque jour renouvelés, du pillage. On y voit paraître les plus grands banquiers de l'Italie, dont le capitaine est le client et qui font valoir ses fonds. C'est une immense foire à la Callot, mais d'aspect tragique.

Parmi les Grandes Compagnies, qu'il me suffise de mentionner trois des plus fameuses. Vers 1350, c'est la Compagnie hongroise, commandée par Werner d'Urslingen, le *Guarnieri* des Italiens. Ce capitaine portait, gravées sur sa cotte de mailles, ces paroles inquiétantes : « Je suis le duc Werner, chef de la Grande Compagnie, l'ennemi de Dieu, de la pitié, de la miséricorde. » Il fut, tour à tour, le général de Louis de Hongrie contre la reine Jeanne Ire de Naples, et l'allié de Nicolas Rienzi contre le pape. Un jour, il se présenta sous les murs d'Anagni, la vieille cité pontificale d'Innocent III et de Boniface VIII, ouvrit la brèche et massacra la moitié des habitants. Puis il marcha sur Rome, qui trembla. La milice du Capitole, la ligue des cités ecclésiastiques et des villes toscanes parvinrent à arrêter l'œuvre dévastatrice de Werner dans l'Italie centrale. Et le terrible capitaine entra tranquillement au service de l'Église romaine qu'il menaçait d'abord de détruire.

En 1354, je trouve un capitaine bien singulier, un moine franciscain défroqué, Frà Monreale ou Moriale (peut-être un Italien ?) qui s'intitulait fièrement : *Frater Monrealis, capitaneus guerræ et vexillifer Ecclesiæ*. Ce porte-étendard et gonfalonier de la sainte Église errait en Italie à la tête de 30,000 brigands, allemands, bourguignons, italiens et suisses. Cet ancien disciple du Père séraphique, apôtre de la pauvreté parfaite, était un financier fort avisé dont le frère, banquier à Pérouse, recevait et mettait en valeur les capitaux. Monreale loua un jour à Venise sa Compagnie, avec son lieutenant, le comte de Landau, pour 150,000 florins d'or. Il fut quelque temps le général du pape d'Avignon et de son légat le cardinal espagnol Gilles Albornoz, qui ramenait alors assez rudement les villes de saint Pierre à l'obédience d'Innocent VI. Albornoz crut utile d'employer à son œuvre le prestige de Rienzi qui, une première fois déchu et fugitif, reparaissait grandi par la persécution et une longue retraite chez les ermites de l'Apennin. Mais Frà Monreale méprisait Rienzi, un beau parleur qui jamais n'avait su agir. Il marcha donc, avec quarante de ses capitaines, sur Rome, où le tribun gouvernait en maître. Rienzi l'invita à un colloque au Capitole ; le moine-soldat se laissa séduire et arrêter avec une réelle simplicité d'âme. Rienzi le condamna à mort. Monreale subit la torture avec une fermeté toute chevaleresque. La souffrance ne lui arracha pas une plainte. Puis il descendit, revêtu de son riche costume

de velours fauve brodé d'or, jusqu'en bas des degrés
du Capitole, lieu tragique qui avait vu jadis rouler le
cadavre sanglant de Boniface VII, et qui attendait
Rienzi lui-même. Monreale dit à la foule : « Romains,
c'est votre pauvreté et ma richesse qui m'ont perdu.
Je voulais relever votre ville de sa ruine et la faire
très grande. Vous ne l'avez pas voulu. » Il s'agenouilla,
la tête posée sur le billot ; son chirurgien, qui l'assis-
tait, montra au bourreau à quel endroit il fallait frapper. Les franciscains ensevelirent honorablement Monreale dans leur église toute voisine du lieu du supplice,
et les contemporains le comparèrent à Jules César.

Bientôt l'Italie eut affaire à la Compagnie Sainte de
l'Aguto, le Jean Hawkwood des Anglais, *Jean de l'Ai-
guille,* ce tailleur de Londres que la *presse* avait forcé
de s'enrôler. En 1360, en France, il avait été fait capitaine et chevalier. Il s'improvisa général et passa les
Alpes avec ses bandes, formées surtout d'Anglais venus
de la Compagnie Blanche. On le trouve au service tour
à tour de Pise contre Florence, de Florence contre
Pise, de Barnabò Visconti contre Urbain V. Il rend
quelques jours incertaine la restauration pontificale
accomplie par Albornoz. Enfin, il se laisse acheter par
le dernier pape d'Avignon, Grégoire XI, qui lui donne
deux fiefs, Bagnacavallo et Cotignola. Le petit tailleur,
devenu comte, prit sa retraite à Florence, où il mourut
riche, pacifique et honoré.

Les capitaines des Grandes Compagnies auraient facilement dépecé et asservi l'Italie à leur profit ; comme
jadis les chefs barbares, ils auraient renouvelé sur
toute la péninsule l'opération des Normands sur les
Deux-Siciles, s'ils avaient consenti à s'unir pour un
plan méthodique et si leurs troupes avaient eu, sous

chacun de leurs étendards, la communauté d'origine et l'élan fanatique des hordes d'Alaric.

Nous touchons au temps où les véritables condottieri italiens remplaceront les capitaines étrangers, où les mercenaires, italiens pour le plus grand nombre, se substitueront aux Grandes Compagnies.

Dès 1367, la ligue italienne, encouragée par la capitulation du duc Werner, se reformait. La Compagnie de saint George, commandée par Alberigo da Barbiano, bénie par Urbain VI et sainte Catherine de Sienne, battait les Bretons dans la campagne romaine. Le pape donnait à Alberigo une bannière ornée de ces paroles : *Italia liberata dagli Barbari.* Dès lors, les capitaines manquent aux Grandes Compagnies, dont les soldats vont se fondre dans les bandes des condottieri, ou s'éparpillent en Italie, afin de s'y livrer au brigandage individuel.

Considérons d'abord les conditions morales et politiques du condottiérat.

L'origine des condottieri, pour la plupart, est des plus humbles. Carmagnola, le grand condottiere de Venise, était gardeur de pourceaux. Les Sforza, qui établiront sur la Lombardie une dynastie puissante, étaient de farouches paysans romagnols, plus contrebandiers qu'hommes des champs, occupés d'incessantes *vendettas*, dont les garçons et les filles, toujours armés, vaguaient sur les chemins et dans la *macchia*. Mais ces aventuriers, doués d'une énergie froide, très maîtres d'eux-mêmes, très fins, dénués de scrupules, ont été de fort beaux exemplaires de nature humaine. Le premier Sforza, Attendolo, disait à son fils François : « Ne touche jamais à la femme d'autrui. Ne frappe jamais aucun de tes gens, ou, si cela t'arrive,

envoie-le bien loin. Ne monte jamais un cheval à la
bouche dure ou sujet à perdre ses fers. » Venise, qui
faisait parfois couper la tête à ses condottieri, leur
élevait des statues équestres. Gattamelata, à Padoue,
Coleone Coleoni, sur les lagunes, sont de fiers cavaliers, très sûrs de leur monture, d'un calme surprenant, d'une sérénité hautaine, dont aucun obstacle
n'arrêtera la volonté ou n'apaisera la passion.

La *condotta*, le traité qui lie l'un à l'autre le capitaine et l'État qui l'emploie, est plus rigoureusement
détaillée qu'à l'époque des Grandes Compagnies. Tout
y est prévu et réglementé : les relations et les intérêts
des deux parties, le théâtre des opérations militaires,
les rivières à franchir en telle occurrence, la proportion
des frais à supporter par les princes ligués pour une
campagne, la force des contingents que le condottiere
peut exiger de chacun d'eux.

Le condottiere est le maître absolu de ses troupes.
A la tête de ses bandes, il est très solide ; mais voici
les côtés faibles de sa situation. Ses patrons n'ont en
sa fidélité qu'une confiance médiocre. On le soupçonne
toujours d'une trahison prochaine. Il se sent entouré
·d'espions. L'espionnage est un des arts les plus avancés
de la Renaissance italienne. Le prince est toujours
prêt à sacrifier son capitaine. Vainqueur, il semble
plus inquiétant encore. Ferdinand de Naples fait
assassiner un général excellent, Piccino. Un jour, dit
un conte bien significatif, la ville de Sienne délibérait
sur les récompenses à donner à son condottiere :
« Tuons-le d'abord, dit un citoyen prudent ; après,
nous en ferons des reliques et l'adorerons comme patron de la cité. » Ajoutez que les partis révolutionnaires tentent de séduire le chef mercenaire. Les exilés

florentins offrent Milan à Coleone, général de Venise, s'il chasse de Florence Pierre de Médicis. Le condottiere, qui se meut dans une atmosphère de méfiance, n'apporte à l'action qu'une ardeur modérée. Il ménage l'ennemi qui, demain, sera son prince. Carmagnola, un Piémontais, sert d'abord les Visconti de Milan contre Venise, puis Venise contre les Visconti. La grande république lui décerne un triomphe digne des consuls de Rome; mais, le jour d'après, l'oblige à monter sur l'échafaud. César Borgia reçoit la ville de Sinigaglia des mains de ses capitaines qui, quelques semaines auparavant, avaient trempé dans une inutile conspiration contre le terrible Valentinois. Il les fait entrer à sa suite au palais communal, les attire en une chambre où les attendaient les bourreaux du duc. Deux d'entre eux furent étranglés séance tenante, assis dos à dos sur deux chaises : l'un pleurait et accusait son compagnon; l'autre priait qu'on lui donnât le temps de recevoir de Rome l'absolution du Saint-Père.

On comprend que les condottieri, troublés par de si nombreuses incertitudes, en proie à toutes les duplicités de la politique, n'aient point eu le loisir de rechercher le progrès constant de leur art. Trois grands capitaines, Braccio di Montone, Sforza Attendolo et François Sforza, ont néanmoins grandement amélioré les conditions de la guerre et fondé deux écoles, deux traditions, auxquelles l'Italie aurait dû peut-être, si elle y était demeurée fidèle, d'échapper à la servitude.

Braccio, au début du XVe siècle, renouvela la tactique du champ de bataille. Jusqu'alors, les Italiens, attachés à la vieille méthode des guerres féodales, —

méthode qui coûta si cher aux armées de France à
Crécy, à Poitiers, à Azincourt, — précipitaient en
masse, dès le commencement de l'action, leurs gens
d'armes contre l'ennemi. Ce premier choc, le corps-à-
corps, la confusion et le pêle-mêle des deux adversaires finissaient très vite le combat, à l'issue duquel,
selon Machiavel, on relevait fort peu de morts et de
blessés. Braccio créa les réserves successivement appelées, escadron par escadron, à s'engager dans la
bataille. Il savait que la victoire demeurait au capitaine qui amènerait les dernières réserves. Il ajour-
nait à la fin de l'affaire l'élan en masse, qui en marquait jusqu'alors la première opération. Quand son
armée s'avançait en terre ennemie, il disposait sa cavalerie légère en deux ailes largement écartées, sous
la protection de laquelle marchait l'infanterie, appuyée
sur ses derrières par la grosse cavalerie. L'œuvre des
deux Sforza ne fut pas moins remarquable que celle de
leur adversaire Braccio. Ils augmentèrent notablement
la proportion de leur infanterie et imposèrent à leurs
troupes une discipline très rude. Mais ni Braccio ni les
Sforza ne purent échapper à une cause en quelque sorte
fatale d'infériorité : comme tous les condottieri italiens,
jusqu'à la fin du XVe siècle, ils ne se battaient qu'entre
eux, ignoraient les armées du reste de l'Europe, ne
tenaient pas assez compte du rôle capital de l'infanterie, se contentaient d'un armement archaïque, immuable. Ils se passaient d'artillerie. Machiavel, au
temps même de Marignan, ne veut pas croire à l'artillerie. Elle ne fera jamais, pensait-il, que de la fumée, de la poussière et du bruit. L'Italie, vers 1515,
avait oublié les coulevrines et les fauconneaux de
Charles VIII.

La bataille de Fornoue avait été cependant, pour les capitaines et les princes d'Italie, une expérience fort édifiante. Charles VIII était descendu en Lombardie à la tête de 60,000 hommes. Il en avait laissé 30,000 le long de sa route, dans les villes de son perfide allié Ludovic le More, dans les citadelles d'Alexandre VI. Il en laissa beaucoup encore dans les villes du royaume de Naples, qu'il espérait conserver. Il n'avait plus, au retour, à travers une Italie franchement hostile, que 20,000 soldats énervés par la vie méridionale. Une ligue imposante des princes italiens s'était formée contre lui, à Venise, autour de son ambassadeur Comines, qui, ébloui par les fêtes sur le Grand Canal, ne se douta longtemps de rien. L'Espagne et l'Empire étaient tout prêts à entrer dans la coalition. Cependant, les princes se dérobaient en partie aux obligations du traité. Les meilleures troupes furent données par Milan et par Venise, qui envoya les *Estradiots*, sa fameuse cavalerie épirote et dalmate. Les Italiens, au nombre de 40,000 hommes, attendirent l'armée française à l'entrée de la vallée ou plutôt du défilé du Taro, par où Charles VIII remontait de Toscane vers le Parmesan. Des deux côtés, la rencontre fut une véritable surprise, et la bataille une confusion inouïe, dont le récit embrouillé de Comines est la fidèle image. Les Italiens, manquant à la tactique de Braccio, se ruèrent en masse contre l'infanterie française. Mais les Suisses, — le mur inébranlable de Guichardin, — enfoncèrent à coups de hallebarde les *masnadieri*. L'issue du combat, véritable corps-à-corps, était incertaine, quand Trivulce, un vieux condottiere de Ludovic le More et des Aragons, passé au service de la France, eut l'idée ingénieuse d'abandonner les chariots de bagages. Les Estradiots coururent au pillage, et cette armée, qui pouvait être une armée nationale, se précipita sur les coffres de l'ennemi. Charles VIII passa. Les Italiens chantèrent des *Te Deum* dans toutes leurs cathédrales. L'engagement, selon certains chroniqueurs, avait duré deux heures, et quinze heures selon d'autres.

Mais le roi de France avait passé, et les Alpes s'abaissaient pour longtemps devant les armées étrangères. Demain commenceront les guerres d'Italie. La péninsule sera désormais le champ de bataille de l'Europe. Les princes, le pape, Venise rechercheront le patronage de l'Espagne, de l'Empire ou de la France. Les condottieri mettront leur épée au service de l'étranger et travailleront à une œuvre de servitude.

Lorsque, quelques années après Fornoue, Jules II poussera son cri héroïque : *Fuori gli Barbari !* hors d'ici les Barbares ! il sera trop tard. Et Jules II, qui provoqua contre Venise la Ligue de Cambrai, fut lui-même, après Alexandre VI, un artisan de désastre national. Trop tardif aussi fut le rêve de Machiavel, secrétaire d'État de la république restaurée de Florence ; il tenta de créer pour sa cité une armée florentine et de donner à la péninsule le modèle d'une armée italienne. Il essaya de remplacer par l'*Ordinanza*, c'est-à-dire par la loi militaire fixe, à la fois l'arbitraire du prince ou de la commune et le caprice des mercenaires. César Borgia, disait-il, fut redoutable du jour où il leva « un homme par maison ». Il voulut instituer le service obligatoire de 18 à 40 ans, afin de pourvoir aux nécessités de l'éternelle guerre de Pise. Ses efforts furent admirables. Il s'improvisa ingénieur pour réparer les murs de Florence, financier pour sub-

8

venir aux frais militaires, capitaine et intendant pour
remplir les arsenaux. Il recommandait la gymnastique, écrivait un billet de ministre à propos d'un tambour. Soderini, gonfalonier de Florence, le félicitait
d'employer son génie *pro salute et dignitate Patriæ*.
Puis, lorsque, après le retour des Médicis, il tomba en
disgrâce et dut se retirer dans sa pauvre ferme de San
Casciano, il chercha, par son traité de l'*Art de la
Guerre*, à démontrer à ses compatriotes la nécessité
d'une armée régulière, permanente, nationale. Un
instant même il crut rencontrer en *Jean des Bandes
noires*, un bâtard Médicis, le capitaine capable de
sauver l'Italie. L'heure était tragique. La politique
brouillonne de Jules II et de Léon X, les criminelles
intrigues des princes avec l'étranger allaient porter
leurs fruits. Une invasion non plus d'armées régulières, comme au temps de Louis XII, de Ferdinand
le Catholique et au début de François Ier, mais de
bandes mercenaires entraînées par un traître, le connétable de Bourbon, encouragée par Charles-Quint,
franchissait les Alpes. Une dernière et terrible vision
des Grandes Compagnies venait à l'Italie, les Espagnols du condottiere français, avides de pillage et de
massacres, les luthériens allemands de Frondsberg,
avides de sacrilège. Jean de Médicis marcha droit à
Frondsberg, avec ses Italiens vêtus de deuil depuis la
mort de Léon X : en 1526, près de Mantoue, il fut tué
par un boulet. C'était une mort symbolique : l'artillerie, la guerre nouvelle, tuait la vieille guerre féodale.
On l'avait surnommé le *Grand Diable* à cause de sa
vaillance et de sa férocité. Après lui, l'Italie ne rencontra plus un capitaine qui sût arrêter les barbares
courant vers Rome. En vain Clément VII, platonique-

ment soutenu par François Ier et Henri VIII, essaya-
t-il de former une ligue italienne, la *Ligue Sainte*. Le
général des confédérés, François-Marie, duc d'Urbin,
pratiquait une tactique bien extraordinaire ; selon lui,
un général doit se replier et reculer dès que l'ennemi
approche ; il se replia si méthodiquement, que Bourbon, après avoir dévoré Milan, la Lombardie, la Toscane, abandonnant en route, pour aller plus vite, ses
bagages et son artillerie, apparut un matin de mai
1527, sur le Monte Mario, à une portée de canon du
Vatican ; le sac de Rome consomma la déchéance
politique du Saint-Siège et frappa d'un coup mortel la
Renaissance italienne.

Philippe de Comines écrivait, au commencement
du XVIe siècle : « les grandes pitiés d'Italie ». Dante
avait crié, au commencement du XIVe : « Hélas ! Italie
esclave, hôtellerie de douleur ! *Ahi ! serva Italia, di
dolore ostello !* »

En deux cents ans, l'Italie avait usé vingt capitaines,
dont plusieurs furent excellents, qu'elle employa à sa
politique de guerre civile. L'orgueil municipal,
l'égoïsme des Tyrans abolirent en elle le sentiment de
la communauté nationale, et son impuissance militaire fut l'effet de sa décadence morale. L'Italie nous
donne la leçon qui reparaît à toutes les pages de l'histoire : elle apprit au monde, par l'exemple même de
sa ruine, que la valeur guerrière d'un peuple se mesure à son patriotisme. Le vieux Soderini avait bien
raison quand il louait Machiavel de penser et d'agir
comme doivent penser et agir tous les fils d'une même
nation :

Pro salute et dignitate Patriæ.

L'ARMÉE DE LOUIS XIV

Par M. Paul LEHUGEUR

PROFESSEUR D'HISTOIRE AU LYCÉE HENRI IV

L'ARMÉE DE LOUIS XIV

Préliminaires. Rapports des institutions politiques et des institutions militaires.

L'armée est, sous Louis XIV comme à toutes les époques, l'expression de la société. Elle n'est plus féodale, parce que la féodalité est morte depuis Richelieu ; elle n'est pas encore démocratique, parce que la démocratie ne naîtra qu'à la Révolution. La féodalité française, si forte à son origine, a été vaincue par la coalition de la royauté et de la bourgeoisie (1). L'armée est donc devenue monarchique, au grand dépit de ceux qui regrettent le passé (par exemple, le duc de Saint-Simon). Un roi qui ne réunit jamais les États généraux, qui n'admet pas les remontrances du Parlement, ne souffre pas davantage la tutelle d'un Conseil supérieur de la guerre ni même son concours (ce sera seulement après la mort du grand roi que Saint-Simon réussira à remplacer les ministres par des conseils, le ministère de la guerre par le conseil de

---

(1) De même que la royauté anglaise, absolue avant la Grande Charte, a été vaincue par une coalition, mais toute différente, celle de l'aristocratie et de la bourgeoisie.

la guerre, avec Villars pour président ; encore l'institution sera-t-elle passagère). De même que l'administration des provinces a passé des gouverneurs de provinces, issus de la plus haute noblesse (Montmorency, Condé, Vendôme, Rohan, Guise, Mayenne, Luynes, Chevreuse, d'Épernon, etc.) aux intendants du roi (1), appartenant à la petite noblesse (2) ou à la bourgeoisie (3), de même, l'administration de l'armée a passé du connétable, qui était un puissant seigneur, au secrétaire d'État de la guerre, qui est un « commis » du roi, et peut n'être qu'un bourgeois tel que Le Tellier, et un fils de bourgeois comme Louvois. La charge de colonel-général de l'infanterie, qui conférait à son titulaire une puissance dangereuse, puisqu'il nommait ses officiers, disparaît à son tour à la mort du duc d'Épernon, en 1661 ; la hiérarchie est fixée par l'*ordre du tableau;* les officiers sont *mis au pas* comme les soldats ; en 1672, les maréchaux sont forcés d'obéir à Turenne, Turenne à Condé, Condé à Monsieur ; au-dessus de tous Louis XIV, qui peut dire : « l'armée, c'est moi ». L'importance de l'infanterie, de l'artillerie, des ingénieurs, de l'intendance croît comme celle du peuple, de la bourgeoisie, des écrivains, des savants ; le rôle du canon, qui lance des projectiles, grandit comme celui de l'imprimerie, qui lance des idées.

La France n'est pas devenue pour cela démocra-

---

(1) Institution qui, suivant le mot expressif du cardinal de Retz, « a blessé la noblesse à la prunelle de l'œil ».

(2) Exemple : de Pommereu, d'Herbigny, de Champigny, de Caumartin...

(3) Exemple : Laffemas, Miron, Jeannin, Bosquet, Morant, Bazin, Tubœuf, Le Blanc, Voisin...

tique, ni même bourgeoise, parce que la royauté, satisfaite d'avoir ruiné la féodalité, tient au maintien d'une aristocratie, qu'elle considère non seulement comme une parure, mais aussi comme une force, tant contre l'étranger que contre les bourgeois trop entreprenants ; de son côté, la noblesse sait que la volonté du roi est désormais la seule raison de ses privilèges. C'est ainsi que la royauté absolue et l'aristocratie ralliée uniront leurs causes jusqu'à la Révolution, qui les renversera, l'une et l'autre, au profit de la bourgeoisie.

On comprend donc que l'armée de Louis XIV soit restée aristocratique malgré la puissance de la monarchie. Le Tellier, puis Louvois, donnent des instructions et des ordres aux descendants des plus grandes familles françaises, aux Condé, aux Turenne, aux Luxembourg, aux Noailles, aux d'Harcourt, aux Clermont-Tonnerre.

J'ajoute que le principe d'égalité, qui commence à s'affirmer dans le monde intellectuel (la première égalité qu'ait eue la France a été l'*égalité académique*), paraît encore inconnu dans les choses militaires. L'armée est l'organe de la France qui demeure le plus aristocratique, parce que la noblesse française, étant par nature et par tradition une caste militaire, beaucoup plus militaire qu'administrative, très peu savante et nullement commerçante, il est naturel que le roi, pour le bien du royaume, lui fasse une beaucoup plus grande place dans l'armée, où elle excelle, que dans le gouvernement, où elle peut être un obstacle, et, à plus forte raison, que dans la science et dans le commerce, qui répugnent à ses goûts. On dit que Théodoric gouverna avec les Romains et combattit avec les Goths. Il serait exagéré de dire que Louis XIV gou-

verne avec les bourgeois et combat avec les nobles,
mais il est certain qu'il considère la noblesse comme
la classe militaire par excellence.

C'est pourquoi l'officier et le soldat sont encore
séparés par les mêmes distances que le seigneur et le
vilain. C'est pourquoi le roturier parvient difficilement au grade d'officier subalterne et n'atteint plus
jamais les hauts grades (le cas de Fabert, promu maréchal, quoique non noble, en 1658, sous Mazarin,
prouve précisément que l'armée devient de plus en
plus aristocratique à partir du règne personnel de
Louis XIV, puisque, après Fabert, il n'y aura pas
d'autre maréchal roturier avant la grande promotion
de 1804, celle de Murat, de Jourdan, de Masséna, d'Augereau, de Ney, de Bernadotte...).

C'est sous Louis XIV que les villes perdent les derniers vestiges des libertés communales du moyen âge.
Ici encore, à tout changement dans l'état social et
politique correspond un changement dans les choses
militaires : les milices bourgeoises (dont le rôle n'avait
pas toujours été méprisable) sont placées sous les
ordres des officiers royaux, de même que les droits
d'octrois sont versés au trésor royal, et que toute l'administration municipale passe aux mains de l'intendant.

Par une évolution fatale, irrésistible comme la
meule d'un moulin, la monarchie centralisée broie
peu à peu toutes les puissances locales qu'elle atteint,
aussi bien les libertés municipales que les dominations
seigneuriales.

Ire PARTIE

CONFUSION APPARENTE

———

C'est parce que la France de Louis XIV est à la fois *monarchique* et *aristocratique* que l'armée du même temps nous donne au premier aspect une impression de confusion.

Elle comprend deux parties bien distinctes : les *troupes réglées*, ce que nous appelons l'armée active, et les *milices provinciales*, ce que nous appelons l'armée territoriale.

Enfin, les *milices bourgeoises*, sorte de garde nationale, sans faire partie de l'armée régulière, forment la dernière ressource contre l'invasion.

Ces forces militaires diffèrent les unes des autres par l'organisation, par le recrutement, par la discipline, par l'esprit, par l'uniforme, par tout, semble-t-il. Dans chacune d'elles le contraste est profond entre l'officier et le soldat. Les troupes réglées, de beaucoup les plus importantes, ont enfin une autre cause de diversité : les soldats et les officiers sont les uns Français, les autres étrangers. L'œil est ébloui d'une pareille bigarrure, comme il l'est des uniformes disparates, et l'on est tenté d'abord de se demander, en face de ces troupes si peu homogènes, s'il existe vraiment une armée française, une armée nationale.

1° Les troupes réglées (françaises et étrangères).

Les troupes réglées comprennent des régiments de cavalerie et des régiments d'infanterie ; le nombre de ces régiments est instable, leur effectif variable, enfin ils sont composés de Français et d'étrangers.

Composition des troupes réglées. — La cavalerie, qui tient encore la première place, comprend quatre groupes : la cavalerie de la maison du roi, la gendarmerie, les régiments de cavalerie légère, les régiments de dragons.

La *cavalerie de la maison du roi* (environ 2,600 hommes) comprend les quatre compagnies des gardes du corps (la compagnie écossaise (1) et trois compagnies françaises), et la *maison rouge*, composée des gendarmes et des chevau-légers de la garde, des deux compagnies des mousquetaires (les *gris* et les *noirs*) et des grenadiers à cheval.

La *gendarmerie* (environ 1500 hommes) issue des anciennes compagnies d'ordonnance, comprend les gendarmes écossais (les plus anciennes troupes de France), les gendarmes anglais, les gendarmes de la Reine, du Dauphin, d'Orléans, de Bourgogne, de Berry, les chevau-légers de la Reine, du Dauphin, etc.

Les *régiments de cavalerie légère* (colonel-général, cuirassiers du roi, Royal-Cravates, etc.) sont au nombre de 95 en 1668, de 99 en 1678, de 116 en 1690, de

---

(1) Cette compagnie compte parmi ses capitaines Charles Stuart (Charles Ier), de 1601 à 1625 ; le marquis de Huntley, de 1625 à 1648 ; le duc d'York (Jacques II), de 1648 à 1665.

118 en 1693 après la création des carabiniers et des hussards.

Les *régiments de dragons* (royal, colonel-général, etc.) sont de 2 en 1668, de 14 en 1669, de 26 en 1688, de 30 en 1714.

La cavalerie compte plus de régiments que l'infanterie ; en 1672 elle compte 28,202 cavaliers sur 155,687 hommes de troupes réglées (1). Elle atteint ensuite jusqu'à 60,000 hommes, près du tiers des troupes réglées (ne pas confondre l'effectif des troupes réglées avec l'effectif total de l'armée, qui comprend en outre les milices provinciales).

L'infanterie réglée suit une proportion un peu moindre. En 1658, la France a sur pied 137 régiments : l'infanterie de la maison du roi (*gardes françaises* et *gardes suisses*), et *les régiments de ligne* (Picardie, Champagne, Piémont, Navarre, Normandie, Conti, Turenne, Maugiron, Enghien, Harcourt, Carignan, etc. ; j'en passe, et des meilleurs). — Après la paix des Pyrénées, 93 de ces régiments disparaissent, mais la guerre de Hollande en fait créer 18 nouveaux, et c'est avec 62 régiments d'infanterie que Louis XIV commence la guerre. La nécessité de lutter contre la première et contre la deuxième coalitions amène la formation de 18, puis de 30 autres régiments, de 1672 à 1691. Enfin, la guerre de la succession d'Espagne fait monter le nombre des régiments de 110 à 120, environ 140,000 hommes.

Quant à l'*artillerie*, formée de canonniers, de bombardiers, de mineurs et d'ouvriers, elle ne sera orga-

---

(1) Bibliothèque nationale, ms. fr. 20598, fol. 437 (sorte d'annuaire).

nisée en corps spécial qu'en 1720. Elle a déjà une organisation particulière, appropriée à son service, mais elle figure dans l'infanterie, qui compte parmi ses nombreux régiments le Royal-Artillerie et le Royal-Bombardiers, mêlés aux régiments de Picardie, de Champagne, de Piémont, etc. Il n'existe encore ni corps distinct du génie, ni train des équipages.

Les *troupes étrangères* forment une partie importante des troupes réglées, mais le nombre en diminue très sensiblement dans la dernière partie du règne.

De tout temps, la France avait salarié des étrangers pour augmenter ses forces militaires : au moyen âge, des Ecossais, des Génois, des Castillans, des Allemands, — à la fin du XVe siècle et au XVIe siècle, des Suisses, des lansquenets et des reîtres (allemands), des Italiens, des Espagnols, des Anglais, des Polonais, des Albanais. L'armée de Marignan avait compté 16,000 étrangers sur 26,000 hommes. Les armées de Louis XIII renfermaient aussi des Suisses, des Italiens, des Hongrois, des Polonais, des Allemands, particulièrement la petite armée de Bernard de Saxe-Weimar, où servait, paraît-il, un Bismarck.

Louis XIV à son tour convie l'Europe à son service. Les troupes étrangères au service de la France varient d'année en année. Dans la cavalerie, les régiments hongrois, apparus dès 1635 avec leur costume de hussards, se fondent pour former le Royal-Croates ou Royal-Cravates ; le Royal-Piémont est cédé à Louis XIV par le duc de Savoie en 1671 ; en même temps apparaissent le Royal-Allemand, composé d'Allemands (cette mention n'est pas superflue), le Royal-Roussillon et le Royal-Navarre, composés de Catalans, de nouveaux

régiments de hussards, composés cette fois de Lorrains, de Bavarois, de déserteurs de l'Allemagne
entière.

Dans l'infanterie, la France compte, en 1643, sur
140 régiments d'infanterie, 18 régiments étrangers (les
gardes suisses, qui font partie de la maison du roi,
5 autres régiments suisses, 1 écossais, 2 irlandais,
6 allemands, 2 lorrains, 1 italien). La première révolution d'Angleterre jette sur les côtes de France une
foule d'émigrés anglais, écossais et irlandais qui forment des régiments nouveaux, en même temps que des
Catalans et des Wallons viennent servir la France
contre l'Espagne et que 2 régiments polonais débar-
quent à Calais, pour avoir le plaisir de combattre. On
remarque sur la liste des régiments, en 1658, des régiments suisses, les régiments irlandais Royal-Irlan-
dais, Preston, Wall, Klough et Muskerry ; les régiment catalans Ardenne et Aguilar ; les régiments
italiens Alméric et Prince-Alphonse ; les régiments
allemands Schomberg, Erlag, Prince de Hesse, Prince
de Salm, Duc de Wurtemberg, composés de déserteurs
allemands, mêlés à des Français de l'Est. La guerre
de Hollande amène encore la formation de nouveaux
régiments étrangers, surtout de régiments suisses
(l'infanterie compte, en 1672, la maison du roi non
comprise, 84,000 hommes d'infanterie française et
39,000 d'infanterie étrangère (1). La guerre de la ligue
d'Augsbourg, qu'on peut appeler la guerre de la succession d'Angleterre, voit 25,000 Irlandais, Écossais et

_____

(1) Bibliothèque nationale, ms. fr. 20598, fol. 437 (sorte d'annuaire).

Anglais catholiques grossir l'armée française pour combattre Guillaume III comme un usurpateur.

Recrutement et organisation des troupes réglées.

— Dans une société aristocratique il n'y a pas de soldats citoyens ; le service obligatoire pour tous est une institution démocratique, et la conscription même est fondée sur le principe d'égalité.

Les soldats des troupes réglées sont soit des Français volontaires, nobles ou roturiers, ou des racolés, soit des étrangers levés les uns par la France, les autres par des étrangers.

A l'exception des nobles qui servent comme simples soldats dans la maison du roi, les volontaires français sont généralement des paysans sains, robustes, sobres, endurants, comme les soldats russes ; ils se plient d'eux-mêmes à la discipline, ils obéissent aux officiers nobles comme à leurs maîtres naturels. Les officiers font grand cas de ces serviteurs excellents, et ne sont pas loin de partager les sentiments de Sully sur les bienfaits du « labourage et du pâturage ».

Mais ces volontaires sont peu nombreux, parce que la vocation militaire est encore rare au village, et le recrutement doit avoir recours au *racolage*, c'est-à-dire à l'embauchage dans les villes. C'est dans des cabarets borgnes que les racoleurs ont établi le siège de leur industrie : ils y amènent les gens sans aveu qu'ils rencontrent sur le pavé de Paris, les ouvriers sans ouvrage, les valets sans place, les fils de famille chassés de la maison paternelle (souvent des enfants de moins de 20 ans), des vagabonds, même des échappés de prison ; ils leur vantent les délices et les gloires de la vie militaire, qu'ils dépeignent comme une fête

perpétuelle ; ils les font boire sans mesure, et moitié
séduction, moitié menace, ils leur font signer un engagement en due forme, qui les lie pour quatre ans
au moins (1).

Ces racolés, qui sont souvent des volontaires malgré
eux, n'ont pas généralement la santé physique et
morale de leurs camarades de la campagne ; beaucoup appartiennent à la lie de la population des villes.
Ils ont, en revanche, leurs qualités propres : ils sont
ce que nous appelons aujourd'hui *débrouillards ;* leur
imagination inventive les aide à se tirer d'affaire pour
vivre et pour vaincre.

Les engagements volontaires et le racolage, deux
sources qui s'épuisent, ne suffisent pas aux exigences.
Aussi recourt-on à la troisième, qui est la levée d'auxiliaires étrangers ; les uns sont racolés (en France ou à
l'étranger), enfin Louis XIV conclut avec des princes
et même des républiques des espèces de traités, ou
plutôt de marchés, par lesquels ils lui fournissent un
nombre d'hommes déterminé, moyennant un subside
et à certaines conditions soigneusement stipulées.

La propriété militaire. — L'entretien des troupes
réglées est partagé entre le roi et les officiers.

---

(1) Par exemple, sur le quai de la Ferraille (aujourd'hui quai
de la Mégisserie) et dans les environs. Cette industrie dura jusqu'à
la Révolution. Florian, dans l'*Habit d'Arlequin,* dit :

« Vous connaissez ce quai nommé de la Ferraille,
« Où l'on vend des oiseaux, des hommes et des fleurs. »

On y vend encore des fleurs et des oiseaux, et j'y ai vu aussi,
sous le second Empire, des marchands d'hommes, c'est-à-dire des
racoleurs de remplaçants.

Aujourd'hui c'est l'État qui prend la peine de lever ses soldats, de les équiper, de les entretenir. Sous l'ancien régime ces soins étaient laissés à des intermédiaires ; les officiers composaient leurs troupes comme nos entrepreneurs de travaux publics embauchent leurs équipes d'ouvriers. Pour lever un régiment, l'État s'adressait à un seigneur français ou étranger, à peu près comme au temps des *condottieri* (1), c'est-à-dire qu'il faisait avec lui un contrat ; le seigneur, improvisé mestre de camp (c'est-à-dire colonel), se chargeait de lever un régiment à une ou plusieurs compagnies, d'équiper ses hommes, de les armer, de les exercer selon les règlements. Le recrutement de l'armée était affermé comme la perception des impôts.

Ces régiments étaient soit donnés, soit vendus par le roi (le brevet coûtait de 15,000 à 22,000 livres, de 75,000 à 110,000 francs d'aujourd'hui). Les officiers pauvres ne pouvaient songer à une telle dépense et étaient, le plus souvent, écartés. Ainsi, une charge de

---

(1) Exemples : le marquis d'Esclainvilliers forme le Commissaire-Général (1645) ; le comte de Roye, le Royal-Étranger (1657) ; le baron de Montclar, gentilhomme catalan, le Royal-Roussillon (1652) ; le comte de Königsmark, le Royal-Allemand (1672) ; le chevalier de Grignan (beau-frère de la fille de Mme de Sévigné), le Royal-Lorraine (1671) ; le comte de Broglie, le Royal-Normandie ; le marquis de la Vallière (frère de Mademoiselle de la Vallière), le régiment du Dauphin ; le duc du Maine, les Carabiniers. Des régiments de dragons sont formés par le duc de Lauzun, le comte de Tessé, le chevalier d'Hocquincourt, le marquis de la Bretesche, le duc d'Enghien, etc. On cite des colonels dont la jeunesse nous surprend : le marquis de Grignan, petit-fils de Madame de Sévigné, protégé par le Dauphin, passe colonel à 17 ans.

colonel se trouve vacante au Royal-Marine, en 1676 :
deux candidats sont en présence, le sieur de Gironville,
très bon officier, mais pauvre, l'autre, le marquis de
Nangis, « sans beaucoup d'expérience, mais homme de
qualité, qui a 20,000 écus de rente'». Louvois choisit le
marquis de Nangis. La richesse est considérée comme
un mérite, parce que l'officier riche, au lieu de végé-
ter ou de s'enrichir malhonnêtement, peut « y mettre
du sien », et supporter des pertes d'argent.

Le titulaire pouvait, à son tour, revendre avec bénéfice son régiment et sa charge de mestre de camp, non
pas tout à fait comme un moulin, mais comme une
propriété viagère ; par exemple, le régiment de dragons *mestre de camp général* passe du comte de Tessé
au comte de Mailly, en 1692, moyennant 200,000 livres (1 million d'aujourd'hui) (1).

Le mestre de camp était à la fois un colonel qui
commandait son régiment, et un capitaine qui commandait une des compagnies ; les autres compagnies
avaient pour chefs des capitaines.

La charge de capitaine était vénale comme celle de
mestre de camp, c'est-à-dire que la compagnie était
affermée comme le régiment, soit par le roi dans les
corps qui n'avaient pas de mestre de camp (comme
les gardes du corps, les gendarmes et les chevau-
légers de la garde, les mousquetaires, les grenadiers à
cheval, les gendarmes écossais, anglais, flamands, etc.)
le brevet coûtait de 8,000 à 12,000 livres, et jusqu'à
80,000 dans les gardes du corps (2) — soit par le mestre

---

(1) Général Suzane, *Histoire de la cavalerie*, I, p. 141 ; II,
p. 299.

(2) Les capitaines des gardes du corps s'appellent : comte de

de camp dans les régiments ; les compagnies vacantes
y étaient mises aux enchères (comme les régiments) ;
elles étaient, comme tout ce qui s'achète, soumises à
la loi de l'offre et de la demande, à la baisse où à la
hausse, comme les valeurs de bourse.

Les grades inférieurs s'achetaient aussi, avant Louvois ; il supprima cette vénalité dans les régiments de
ligne, mais il ne put la supprimer dans la *maison du
roi*, parce qu'il y avait, pour les officiers, quantité de
profits à recueillir, exemptions d'impôts, privilèges
lucratifs, grâces et faveurs royales (parmi lesquelles
les brevets de capitaines). L'emploi même de simple
soldat s'achetait dans ces corps privilégiés, c'est-à-dire
que les simples fantassins ou cavaliers, au lieu de
recevoir une prime d'engagement, donnaient de l'argent à leur chef (1).

On comprend facilement les abus d'une pareille
organisation. Colonels et capitaines cherchaient à rentrer dans leurs déboursés. S'ils n'étaient pas de très
honnêtes gens, ils s'enrichissaient aux dépens de

Noailles, duc de Noailles, marquis de Duras, duc de Boufflers, duc
de Lauzun, duc de Luxembourg, duc de Villeroy, marquis de Brézé,
duc d'Aumont, comte de Lorges ; ceux des mousquetaires gris : duc
de Nevers, comte d'Artagnan, etc.; ceux des gendarmes : duc d'York
(Jacques Stuart), comte de Broglie, comte d'Estaing, marquis de
Ségur.

(1) Les jeunes gentilshommes entraient souvent dans ces troupes
(particulièrement aux mousquetaires) dès l'âge de 15 ans ; soumis
à une sévère discipline, rompus aux exercices et aux manœuvres,
ils étaient de toutes les campagnes et combattaient sous l'œil de
leurs professeurs avec toute l'émulation de leur âge ; les guerres
leur tenaient lieu de grandes manœuvres. Ceux qui se distinguaient
passaient officiers.

l'État et du soldat, — aux dépens de l'Etat au moyen
de fraudes dans les effectifs et de *passe-volants* ou
hommes de paille, qui venaient, les jours d'inspection,
garnir les compagnies incomplètes, — aux dépens du
soldat, par des retranchements illicites sur la solde, la
nourriture, l'habillement.

Les racolés ne trouvaient pas au régiment les délices
qu'on leur avait vantées. Beaucoup portaient des vêtements et des chapeaux « assez mauvais pour scanda-
liser les étrangers de passage » ; mal nourris et mal
payés, ils avaient une tendance naturelle à se dédom-
mager par la maraude, par le vol et par le pillage ;
c'est un lieu commun dans la bouche des magistrats
municipaux et des bourgeois de se plaindre des dépré-
dations des gens de guerre, surtout avant et après
Louvois.

**Efforts de Louvois pour remédier aux inconvé-
nients de la propriété militaire.** — C'est l'honneur
de Louvois d'avoir attaqué les abus qu'il était possible
de détruire, et d'avoir arrêté la croissance de ceux qui
tenaient aux nécessités de son temps.

Il ne fit pas disparaître la propriété militaire, parce
qu'il ne pouvait pas et ne voulait pas tenter ce qu'ont
fait nos pères en 1789, abolir les privilèges de la
noblesse, modifier la base de l'impôt, établir l'égalité
entre tous. Mais il surveilla si bien les colonels et les
capitaines qu'ils devinrent des officiers dignes de ce
nom. Sa grande réforme consista à supprimer les
passe-volants par des inspections sérieuses, par l'institution des *commissaires des guerres* (origine de l'*intendance*), enfin par des châtiments exemplaires infligés,
non seulement aux *passe-volants*, misérables souvent

9.

dignes de pitié, mais aussi aux officiers coupables, que ses prédécesseurs avaient trop ménagés.

Colonels et capitaines durent tenir leurs engagements envers leurs hommes comme envers l'État. Certains officiers, qui avaient retenu à leurs hommes leur prime d'engagement, leur solde ou leur pain, furent cassés ou emprisonnés. Cette sévérité, qui fait honneur à Louvois, lui suscita des ennemis acharnés ; on l'accusa de réduire les officiers à mourir à l'hôpital ; à quoi il répondait avec raison : « Qu'on leur demande « à quoi ils ont mangé leur bien ; ils vous diront « effrontément que c'est au service du roi, bien qu'il « soit de notoriété publique que ça n'a jamais été « qu'au service des dames. »

Les paresseux et les négligents ne trouvèrent pas plus grâce devant lui que les fraudeurs ou les prodigues : il ne leur fut plus possible, quand ils étaient de garde, de quitter leur poste pour aller passer la nuit ailleurs, de revêtir de leur uniforme un valet (sorte de passe-volant supérieur) pour simuler leur présence, de laisser tout le service intérieur et l'instruction aux soins des bas officiers, c'est-à-dire des sous-officiers (anspessades (ou caporaux), sergents, brigadiers, maréchaux des logis, adjudants). Ils durent faire leur service, surveiller le choix des recrues, passer des revues détaillées d'armement et d'équipement, instruire et exercer eux-mêmes leur troupe : « Le premier à qui il arrivera de désobéir sera cassé », écrit-il à un inspecteur, « le roi désire que vous fassiez mettre « en prison le premier qui fera des difficultés... Rien « n'est plus pernicieux auprès du roi que de vouloir « composer avec lui. » Tout le monde a lu la lettre de Mme de Sévigné sur M. de Nogaret, invité « à pren-

« dre un parti, ou se déclarer courtisan, ou s'acquitter
« de son devoir d'officier ».

S'il n'hésitait pas à punir, Louvois souhaitait un
état où la rigueur fût moins nécessaire. Il ne se contenta pas de supprimer la vénalité des charges pour
les grades inférieurs, lieutenants, sous-lieutenants,
enseignes et cornettes ; il assura le recrutement de
ces officiers subalternes par la création des *Cadets* :
des jeunes gens de petite noblesse, ou des bourgeois
vivant noblement furent exercés au métier militaire
dans des écoles spéciales, à Metz, à Strasbourg, à
Besançon, à Cambrai, à Valenciennes, à Tournai, et
formèrent une excellente pépinière d'officiers. En
1683, plus de 2,000 cadets passèrent cornettes, enseignes ou lieutenants pour compléter les cadres pendant
la durée de la guerre. Ils se distinguèrent plus d'une
fois. Malheureusement le roi, à la fin de la guerre, les
ramena à la condition de *cadets;* l'épreuve fut dure
pour leur amour-propre ; quelques-uns se mutinèrent,
deux furent passés par les armes, et quand Louvois ne
fut plus là pour défendre la précieuse institution qu'il
avait donnée à la France, elle tomba en discrédit et
fut supprimée pour être reprise par d'autres nations
qui en comprenaient la valeur.

Louvois diminua encore les inconvénients de la propriété militaire en créant deux grades nouveaux, intermédiaires entre les grades de capitaine et de colonel, ceux de *lieutenant-colonel* et de *major*, que le roi
donna gratuitement, à la condition toutefois que le
postulant fût capitaine, mais l'achat d'une compagnie
étant moins coûteux que celui d'un régiment, les officiers de fortune modeste purent parvenir aux deux
grades nouveaux, et, par ces échelons, à un grade

supérieur, également créé par Louvois à leur intention, celui de *brigadier* (général de brigade). Martinet, Catinat, Vauban furent ainsi promus *brigadiers* sans avoir passé par le grade de colonel, qu'ils auraient difficilement acheté ; des lieutenants-colonels remarquables devinrent ainsi les supérieurs de leurs colonels de la veille, au grand bien de l'armée.

L'armée rendue plus nationale. — Avant Louvois, l'armée était à peine nationale, tant elle comptait de troupes étrangères. C'est encore Louvois qui achève de la « franciser ». M. Brunetière intitule un de ses chapitres, celui du grand siècle, « Nationalisation de la littérature ». L'histoire de l'armée, sous Louis XIV, pourrait être intitulée : « *Nationalisation de l'armée* ».

Les régiments suisses sont les seuls qui demeurent véritablement étrangers : ce sont moins des troupes françaises que des alliés permanents : leurs « capitulations » renferment toutes sortes de conditions qui déterminent les cas où le roi peut exiger d'eux le service de guerre, et contre qui ; ils ont des privilèges spéciaux, une haute paye, une justice particulière, le libre exercice de leur religion.

Les autres régiments étrangers sont plus ou moins francisés ; une armée s'use comme toutes choses, et plus vite que beaucoup d'autres, au dur usage de la guerre. Les étrangers qui disparaissent ne sont pas forcément remplacés par des hommes de la même nationalité qu'eux : ainsi, le Royal-Piémont remplace ses cavaliers italiens par des Anglais réfugiés ; le régiment de Turenne remplace ses Weymariens par des Français et devient le régiment Colonel-Général (1657). Les fantassins irlandais disparus sont rem-

placés par des Bretons, les fantassins italiens par des
Gascons et des Provençaux, par exemple dans le
régiment de Carignan, après qu'il a été cédé à
Louis XIV par le prince de Carignan, Philippe de
Savoie, en 1658.

C'est ainsi que l'armée se francise (au contraire de
l'armée romaine de la décadence, qui est envahie par
les barbares). Beaucoup de régiments étrangers ne
conservent d'étranger que leur nom, avec quelques
particularités dans l'uniforme, dans les traditions,
dans le commandement : ainsi, dans les gardes du
corps écossaises, composées de Français, chaque
soldat, au lieu de répondre « présent », répond
« hamir », corruption de « I am here » (je suis là).

2° Les milices provinciales.

C'est surtout pour remplacer les troupes étrangères
que Louvois créa les milices provinciales, en 1688. Il
s'agissait, en outre, de réparer les effets de la révoca-
tion de l'Édit de Nantes, qui avait fait passer à l'ennemi 20,000 soldats (avec 5,000 officiers), et aussi
ceux de la désastreuse dérivation de l'Eure, qui avait
ravagé 33 régiments par les épidémies.

Les racoleurs cherchèrent des recrues nouvelles
sans grand succès.

L'arrière-ban était un rouage usé depuis que l'élite
de la noblesse, ralliée, servait dans les troupes réglées ;
l'arrière-ban en était le rebut ; les hobereaux, convoqués en 1674, ne s'étaient signalés que par leur indiscipline, comme une mauvaise garde nationale, et
Louvois avait dû les congédier pour l'honneur de
l'armée, de la noblesse et de la France.

Cependant, il était urgent que l'armée se refît et se complétât : la France allait se trouver seule en face de l'Europe coalisée. S'adresser directement à la nation était le salut, mais c'était une révolution. Que deviendrait la propriété militaire ! Quelle atteinte aux privilèges et aux vieux préjugés ! Quels soulèvements de colère ! Il fallait un homme comme Louvois pour les braver ; il ne vit que l'intérêt de la France et se laissa maudire.

Au mois de décembre 1688, une ordonnance royale prescrivit aux intendants des provinces de faire procéder, dans toutes les paroisses, au choix d'un ou de plusieurs miliciens : le service durerait deux ans. C'était la vieille institution des francs-archers dont on reprenait le principe, avec la volonté d'en faire une meilleure application.

Les ordres du roi s'exécutèrent avec ordre ; les miliciens furent tirés au sort parmi les célibataires de 20 à 40 ans ; ils furent habillés, équipés, armés, soldés aux frais des paroisses ; les officiers, depuis les sous-lieutenants jusqu'au colonel, furent choisis parmi les gentilshommes de la région, connus des paysans, et dont beaucoup avaient servi. Ces troupes improvisées, mais formées en partie d'anciens soldats, reçurent quelque instruction, et quand on les mena au feu, elles firent honneur à la France. Le roi fut si satisfait de leurs services qu'il les garda quatre années au lieu de deux, et qu'après les avoir licenciées en 1692, il ordonna de les remplacer. Cette fois, tous les hommes valides, célibataires ou mariés, furent soumis au tirage au sort, et cette conscription exceptionnelle donna jusqu'à 70,000 hommes.

Cette institution de Louvois ne devait pas lui survivre longtemps : elle heurtait trop d'habitudes et d'égoïsmes. Il était du moins établi que la nation contenait d'abondantes ressources sur lesquelles on pouvait compter. Les milices provinciales de Louvois avaient été le petit commencement d'une grande chose, qui est l'armée de la France moderne.

3° Les milices bourgeoises.

Les milices bourgeoises forment enfin une dernière réserve, qu'on peut comparer à la garde nationale de notre histoire contemporaine, ou aux milices des États-Unis.

En principe, tous les habitants de 18 à 60 ans sont astreints au service, mais de nombreuses exceptions sont accordées, aux nobles et aux ecclésiastiques, aux indigents et aux notaires, aux malades et aux médecins, aux valets et aux magistrats, enfin, dans certaines villes, aux nouveaux mariés, sans doute pour favoriser l'accroissement de la population. La milice se recrute dans la petite bourgeoisie et dans le peuple. Ceux qui manquent aux convocations sont punis d'amendes assez élevées, et même du fouet et du carcan ; en temps de péril imminent on menace de livrer au pillage les maisons de ceux qui ont quitté la ville.

Les officiers, choisis parmi les échevins et les consuls, sont le plus souvent des négociants, rarement des nobles, parce que ces charges sont peu brillantes ; plusieurs capitaines sont des apothicaires. Tout évêché ou présidial possède un colonel, qui est généralement le maire, un échevin ou un conseiller au présidial, ou le prévôt des marchands.

La milice bourgeoise commence sous Louis XIV à avoir des uniformes, souvent élégants pour les officiers (habits bleus à revers rouges avec culotte blanche). Elle a des tambours et des fifres, des enseignes tricolores (bleu, blanc, rouge à Troyes et à Albi, bleu, blanc, jaune à Orléans, etc.).

Le service de la milice consiste en temps de paix à garder les portes, à conduire les recrues, à escorter les convois, à faire la police des incendies, à s'assurer que les cheminées sont ramonées, à augmenter l'éclat des cérémonies publiques, des processions, des *Te Deum*, des enterrements, — en temps de guerre, à garder les prisonniers de guerre et au besoin à défendre la ville contre l'ennemi.

La milice a à peu près le même esprit que les gardes nationales contemporaines : il lui manque la discipline et l'instruction militaire. On cite des miliciens qui forcent la prison pour délivrer des faux sauniers; d'autres refusent de sortir parce qu'il pleut. C'est une force pourtant, que la discipline peut rendre redoutable. Ces milices bourgeoises, qui subsistent jusqu'à la Révolution, n'auront qu'à s'amalgamer aux troupes de ligne pour devenir méconnaissables.

IIᵉ PARTIE

UNITÉ MORALE

Cette armée, formée d'éléments si distincts, n'est cependant pas sans unité. Cette armée a une âme. Elle a plus de ressemblance avec l'armée nationale de Gustave-Adolphe, qui a été une « révolution », qu'avec les bandes du condottiere Wallenstein, vestige du passé.

De quels sentiments est faite cette âme ?

La confraternité d'armes. — J'aperçois d'abord un sentiment qui peut exister même entre des nations diverses et qui a son prix, la *confraternité d'armes*, ce lien qui unit par exemple aujourd'hui l'armée française et l'armée russe.

Des hommes qui affrontent les mêmes périls (ou sont prêts à les affronter) deviennent frères les uns des autres. Ce qui fait la patrie, c'est non seulement la nature, non seulement l'histoire, mais aussi le souvenir d'actions accomplies en commun (ou la perspective d'actions à accomplir ensemble). Ceux qui vivent dans cette confraternité guerrière préparent un patrimoine qu'ils n'ont pas reçu de leurs pères, mais qu'ils lèguent à leurs enfants, comme les anoblis lèguent à leurs descendants la noblesse qu'ils ont fondée. Les soldats de Louis XIV, français et étrangers, sont unis par un lien solide, comme le sont aujourd'hui nos légionnaires, nos Sénégalais, nos Haoussas, nos Tonkinois, soldats de la France qui se transforment peu à peu en soldats français.

A plus forte raison les Français qui servent Louis XIV sont-ils unis entre eux par cette confraternité d'armes, c'est-à-dire que le racolé de la plus humble origine se sent le frère d'armes du mousquetaire noble, — l'homme des milices provinciales ou bourgeoises se sent le frère d'armes du soldat des vieux régiments, s'il partage ses peines et ses gloires. « Ce qui m'enchante, « s'écriait le prince de Bismarck le soir de Sedan, en « montrant les uniformes de toutes couleurs qui jon- « chaient la terre, c'est que la bataille est gagnée non « seulement par des Prussiens, mais aussi par des « Bavarois, disait-il en désignant les tuniques bleu- « ciel et les casques à chenille, par des Saxons, par « des Wurtembergeois, par les fils de l'Allemagne « entière. » C'est que le sang versé en commun sur le champ de bataille est le meilleur ciment qui attache les hommes entre eux.

L'honneur. — Au moyen âge les contingents féo- daux et les soldats de profession étaient unis par des sentiments particuliers qui formaient l'idéal du parfait chevalier. Au XVIIe siècle, la chevalerie a disparu depuis longtemps, mais rien ne se perd, pas plus en histoire qu'en chimie ; il reste quelque chose de cet esprit qu'on appelait alors *chevalereux* et que nous appelons chevaleresque. Depuis que la noblesse est ral- liée et loyaliste (après la Fronde surtout), l'ancien idéal est remplacé par le dévouement au roi, par la passion de sa gloire : le jeune seigneur considère comme un

grand honneur de débuter dans sa carrière militaire
par les plus minimes emplois dans la maison du roi, y
compris les gardes françaises où il n'est qu'un fantassin et où il porte le mousquet. Il combat pour le roi
par le désir de lui plaire, par galanterie et par amour,
comme ses ancêtres combattaient pour leur dame ; il
est fier des blessures reçues au service du roi, il ne
demande qu'à se faire casser les os pour lui, joyeuse-
ment, *sunt pericula ludus* (1); il est persuadé comme
lui que la grandeur d'un pays consiste avant tout dans
la gloire militaire et dans la conquête, non que la conquête soit en France une entreprise commerciale comme
ailleurs, mais parce que la conquête est le signe matériel, visible et tangible de la victoire, le trophée, la
couronne, le flot de rubans.

La noblesse française n'est donc pas tout entière,
quoi qu'on dise souvent, dans les antichambres de
Versailles ; elle a une autre manière de faire la cour au
roi que d'assister à son petit coucher. Beaucoup de gentilshommes pourraient, comme la maison de Chateau-
briand, porter *de gueules à fleur de lys*, avec la
glorieuse devise : « Mon sang teint la bannière de
« France. »

Le roturier, par émulation, imite le gentilhomme
noble (d'autant mieux qu'il le voit de plus près et plus
souvent, dans les camps et sur les champs de bataille),
comme à la ville le peuple imite la bourgeoisie, la
bourgeoisie la cour, et la cour Louis XIV.

Ce sentiment élevé entre tous qui porte l'homme à
faire des actions nobles et courageuses, à mériter la

---

(1) Devise des gendarmes du Dauphin.

considération de soi-même et des autres (avant tout du
roi, à l'époque qui nous occupe), est le sentiment de
l'honneur, sentiment qui n'est pas de tous les temps et
de tous les pays, sentiment qui n'est pas accessible à
tous et qui coûte très cher, mais l'honneur ne serait
plus l'honneur s'il ne coûtait rien. Tous les écrivains
du XVIIe siècle sont d'accord avec les militaires pour
le placer très haut.

> Les affronts à l'honneur ne se réparent point.
> <div align="right">(<i>Cid</i>, II, 3.)</div>

> Et d'autant que l'honneur m'est plus cher que le jour.
> <div align="right">(<i>Cid</i>, III, 6.)</div>

> L'honneur parle, il suffit : ce sont là nos oracles.
> <div align="right">(<i>Iphigénie</i>, I, 2.)</div>

> L'honneur est comme une île escarpée et sans bords,
> On n'y peut plus rentrer, dès qu'on en est dehors.
> <div align="right">(Boileau, <i>Sat.</i> X.)</div>

Le sentiment du devoir. — L'armée de Louis XIV
a aussi dans l'âme un autre sentiment qui donne la
force, le sentiment du devoir.

Ce sentiment n'est pas tout à fait le même qu'aujour-
d'hui, parce que les idées se sont modifiées et que les
hommes ne sont plus les mêmes. Le soldat d'aujour-
d'hui combat pour la patrie et non plus pour le roi; le
patriotisme, qui a un fondement naturel et un fondement historique, a aussi un fondement moral. C'est ce
fondement moral qui s'est le plus modifié de siècle en
siècle. Aujourd'hui il s'appelle la religion de la patrie :
tout soldat digne de ce nom a cette foi, qu'il soit catholique, protestant, israélite, musulman, libre penseur.
Sous Louis XIV le patriotisme dépend non seulement

d'un ensemble d'idées morales et sociales, comme aujourd'hui, mais aussi d'idées religieuses et politiques.
Le XVIIᵉ siècle, malgré son goût pour la méthode et
pour la raison, n'est pas rationaliste ; « il a des raisons
« que la raison ne connaît pas » ; il est idéaliste, religieux, chrétien, catholique. Il fait reposer le devoir
militaire sur la même base que la morale, c'est-à-dire
sur la religion (c'est pourquoi, par exemple, l'israélite
ne peut être officier). Le serment des Suisses est
instructif : ils jurent « d'être soumis à leurs supérieurs,
« de n'incendier ni églises ni monastères, de n'insulter
« ni prêtres ni religieux, de n'entreprendre aucun pil-
« lage sans autorisation, d'avoir enfin sans cesse la
« crainte de Dieu devant les yeux (1) ». Assurément le
soldat de Louis XIV n'a ni la ferveur du croisé, qui ne
veut connaître d'ennemi que l'infidèle, — ni la piété
du soldat russe qui observe scrupuleusement les jeûnes
et les fêtes, mais il croit profondément en Dieu et en la
vie éternelle ; il ne pense pas que l'intérêt soit le seul
mobile des actions humaines, et il prouve par ses actes
qu'il ne le pense pas. N'est-ce pas un soldat, Vauve-
nargues, qui a dit un peu plus tard : « Les grandes pensées viennent du cœur ».

L'esprit militaire. — Cette confraternité d'armes,
ce sentiment de l'honneur et du devoir se traduisent
par une soumission consentie aux chefs de l'armée, par
une sorte de servitude volontaire qui s'appelle *l'esprit
militaire*. Le respect des chefs fait partie de tout un
ensemble d'autres respects. Pour les intelligences les

(1) Général Suzane, *Histoire de l'infanterie*, II, p. 125.

plus vigoureuses du XVII° siècle, le dernier effort de
la raison, sa suprême victoire est précisément de se
soumettre à quelque chose qui la dépasse; de même
pour le soldat le plus viril, le suprême effort de la volonté est de sacrifier son individualisme au bien général de la patrie.

A ceux qui ont mal à l'âme, à ceux qui, troublés,
hésitants, énervés, se sentent défaillir devant le doute,
songent au suicide et au néant, les hommes du
XVII° siècle eussent répondu comme Alfred de Vigny :
« Faites-vous soldats ». Le soldat de Louis XIV n'est
ni sceptique, ni dilettante, ni neurasthénique; il a autant de courage que de bravoure (les deux mots ne sont
pas synonymes); il obéit docilement à ses chefs, il les
craint comme il craint Dieu; il supporte les fatigues,
les privations, les sévérités de la discipline, sans plainte
et sans révolte, comme des épreuves. Il aime comme
une petite patrie son régiment ou sa compagnie; il est
fier de son uniforme et de son drapeau.

Exemples tirés des institutions. — C'est pour
rendre sensible aux yeux l'égalité des hommes de
même grade, mais surtout pour favoriser l'esprit militaire, que Louvois établit *l'uniforme*. On ne vit plus
au soldat un habit plus fin qu'à son chef : il n'y eut
plus dans le rang ni riches ni pauvres, ni nobles ni roturiers, ni bourgeois ni paysans : il n'y eut plus que
des soldats français. L'armée fut plus étroitement sou-
mise au roi le jour où elle porta ses couleurs : l'uniforme royal, substitué à la livrée des colonels, acheva
de communiquer aux cœurs des sentiments royaux, et
des hommes vêtus de la même manière obéirent comme
un seul homme.

Le général Wolseley, bon juge en matière militaire, déplorait dernièrement les tendances marquées à ramener tous les régiments anglais à un type unique et à raisonner comme s'ils étaient tous semblables, comme s'ils étaient des « montres marines ». « L'es- « prit militaire, dit-il, est fait de vétilles. Quiconque « connaît véritablement le soldat, ne s'avisera jamais « de rien changer sans de bonnes raisons aux détails « d'une physionomie régimentaire. » Et il conclut par cette maxime, qui peut nous surprendre, mais qui n'eût pas étonné les contemporains de Louis XIV : « Le soldat est un animal particulier, dont on ne peut « tirer la plus grande somme possible d'action utile « qu'en l'amenant à se persuader que son régiment « est très supérieur à tous ceux qui l'entourent. »

Les particularités chères au général Wolseley sont chères aussi à Louvois. Il multiplie les diffé- rences d'*uniforme* (chapeaux, bonnets, culottes, bas, manches, collets, revers, doublures, galons, agré- ments, ceinturons, bandoulières, subrevestes des mousquetaires, etc.).

Il laisse debout les distinctions méritées des 12 plus anciens régiments, les *vieux* et les *petits-vieux* ont 20 compagnies, même en temps de paix (tandis que les autres sont réduits à quelques-unes); ils conservent la place d'honneur à la droite de l'infanterie; le plus vieux, Picardie, a le droit de monter à l'assaut le premier, et tous les autres, jeunes et vieux, envient son sort.

L'institution des *grenadiers*, en 1667, est faite aussi pour exciter l'émulation : 4 soldats d'élite par com- pagnie sont chargés de lancer 12 grenades qu'ils por- tent fièrement dans leur *grenadière*. En 1670, l'institution est étendue, c'est-à-dire que chacun des 30 plus anciens régiments a une compagnie de grenadiers.

Les *drapeaux* varient comme les uniformes. Pour nous le drapeau personnifie la France : il est le symbole du devoir, du dévouement, de l'honneur, du patriotisme. Cette idée si belle ne remonte pas plus loin que la Révolution. Sous l'ancien régime, chaque régiment avait plusieurs drapeaux : les gardes françaises en avaient 30, un par compagnie ; les vieux en avaient 15. De tous ces drapeaux, un était blanc, dans les régiments d'infanterie, pour marquer l'autorité du roi depuis la suppression de la charge de colonel-général, mais ce drapeau blanc n'était pas le drapeau national, pas plus que le drapeau blanc d'aujourd'hui, devenu le drapeau parlementaire (1). Dans la cavalerie, un seul régiment possédait une cornette blanche, le colonel-général (aujourd'hui 1er cuirassiers); ses 7 autres drapeaux étaient noirs, brodés aux armes de Turenne; quant aux autres régiments de cavalerie, ils ne possédaient pas de drapeau blanc, parce que leur colonel était le délégué non du roi, mais du colonel-général de la cavalerie (qui, n'étant pas dangereux, avait été maintenu). La France n'avait donc pas de drapeau uniforme, mais il est certain que les soldats ne s'y trompaient pas et qu'ils regardaient les drapeaux multicolores comme le symbole d'une idée unique, de même que les statues de la Vierge.

L'*ordre de Saint-Louis* fut créé (1693) pour satisfaire les sentiments chevaleresques, parce qu'il y a

_____

(1) Général Suzane, *Histoire de l'infanterie*, I, p. 187. — Cf. général Thoumas.

des dévouements qui ne se payent qu'avec de l'honneur. L'ordre du Saint-Esprit, créé par Henri III, était réservé aux gentilshommes de haute naissance. Louis XIV, sur le conseil de Vauban, y ajouta à propos l'ordre de Saint-Louis (1), qui fut accessible aux roturiers comme aux nobles, à la condition qu'ils fussent officiers et catholiques, qu'ils eussent 28 ans de services et une action d'éclat.

Enfin, ce fut encore pour donner satisfaction à l'esprit militaire que Louvois donna aux *Invalides* l'organisation qui existe encore, glorieux vestige du passé. Louvois, s'il fit beaucoup d'invalides, éleva pour eux le plus bel hôpital qui fût jamais. Louvois, le dur ministre, le justicier inflexible, fut pour les Invalides un gouverneur doux et bon ; s'il leur laissa l'uniforme, ce fut par une délicate pensée : il savait qu'à l'homme de cœur le bien-être ne suffit pas, et qu'il lui faut encore la dignité. Il continua de regarder les Invalides comme des soldats et fit de leur maison de retraite l'image d'une place de guerre. J'imagine que le général Wolseley, s'il a visité les Invalides, a dû y songer à Louvois presque autant qu'à Napoléon.

Exemples tirés des faits de guerre. — Les faits de guerre nous montrent en action cet esprit militaire qui anime toutes les troupes de Louis XIV.

Les *mousquetaires,* sortes d'élèves-officiers, se distinguent entre tous par leur intrépidité. Moins turbulents que leurs ancêtres du règne de Louis XIII (parce

---

(1) Il consistait en une croix d'or à 8 pointes, attachée par un ruban *rouge*.

que tout s'est assagi), ils ont conservé leur bravoure :
organisés pour combattre à pied et à cheval, véritables dragons de la maison du roi, ils se signalent
par des prouesses extraordinaires. La place de Valenciennes était protégée par trois rangs d'ouvrages bien
défendus : Vauban, qui dirigeait le siège sous les yeux
de Louis XIV et de cinq maréchaux, forma deux
colonnes d'assaut, en tête desquelles il plaça les deux
compagnies de mousquetaires; le 17 mars 1676, à
9 heures du matin, le canon donne le signal, les
deux colonnes s'élancent et les mousquetaires, sans
regarder derrière eux, traversent les trois rangées
d'ouvrages, pénètrent dans la place, tournent contre la ville les canons des remparts et produisent
un tel effet moral et matériel que la garnison capi-
tule.

Votre ami d'Artagnan n'était pas de la fête, il était
mort trois ans avant, au siège de Maëstricht, deuxième
capitaine des mousquetaires gris; car il a été un personnage réel, comme Cyrano de Bergerac.

Toute la *maison du roi* joue un rôle magnifique,
notamment à Steinkerque, où, de concert avec les
dragons de Boufflers, elle achève la victoire par une
charge irrésistible. Toute la cavalerie brûle de l'éga-
ler; à Nerwinden, plusieurs régiments placés en
réserve demeurent quatre heures sans bouger sous le
feu le plus violent et arrachent au roi d'Angleterre ce
cri de dépit : « Oh ! l'insolente nation ! » La victoire
est longtemps disputée; ce sont les gardes françaises
qui décident de la journée par une charge à la baïon-
nette, la première de notre histoire.

Tous les corps pourraient citer quelque glorieux fait
d'armes, l'infanterie (et l'artillerie) comme la cava-

lerie, les troupes étrangères (1) comme les troupes
françaises, les roturiers comme les gentilshommes.
L'histoire du sergent *Lafleur* mérite d'être retenue.
Pendant la guerre de Hollande, à Grave, le sergent
Lafleur, du régiment de Dampierre, est envoyé en
reconnaissance avec 21 hommes ; il surprend un
poste, fait des prisonniers et se remet vivement en
route, quand accourent 200 Hollandais ; Lafleur s'en-
ferme dans une masure, tue ou blesse 34 ennemis, met
les autres en fuite, et rentre dans Grave avec 20
hommes sur 21 et ses prisonniers au complet. Louvois
averti ordonna que le sergent Lafleur reçût 500 livres
de gratification et la première charge vacante de lieutenant (2). Il y eut certainement beaucoup de sergents
Lafleur dont l'histoire ne sait pas les noms et dont les
hauts faits sont demeurés sans gloire.

Les milices provinciales, malgré leur entraînement
moindre, montrent une vigueur qui étonne les officiers des troupes réglées. Les victoires de Staffarde
et de la Marsaille leur appartiennent en grande
partie.

Les milices bourgeoises elles-mêmes méritent une
mention. Tout le monde connaît l'héroïque défense
des bourgeois de Saint-Jean-de-Losne, en 1636. Les
milices de Flandre et des frontières montrent, dans
la guerre de la succession d'Espagne, qu'elles sont
capables aussi de résolution et de vigueur, celles de

---

(1) Le maréchal de Schomberg fait le plus grand cas des Suisses,
qu'il compare « aux os dans un corps humain » ; il leur reproche
seulement de vouloir être payés très exactement. Point d'argent,
point de Suisses.

(2) Rousset, *Histoire de Louvois*, I, p. 215.

Lille surtout, en 1708. Les milices d'Alsace se font remarquer par leur patriotisme ardent, et le roi de Prusse peut écrire, en 1709, « que les habitants de « l'Alsace sont plus français que les Parisiens, et que « le roi est si sûr de leur affection à son service et à « sa gloire, qu'il leur ordonne de se fournir de pisto- « lets, de hallebardes, d'épées, de poudre et de « plomb, toutes les fois que le bruit court que les « Allemands ont le dessein de passer le Rhin » (1).

Un peu de bibliographie. — Nous possédons beau- coup de rapports officiels et de mémoires qui nous font connaître les événements militaires, les archives du dépôt de la Guerre (plus de 1200 volumes), les documents de la Bibliothèque nationale (plus de 300 volumes), les mémoires du maréchal de Gramont, du marquis de Sourches, de Turenne, de Catinat, de Villars, etc... (2).

Mais combien l'histoire en serait plus vivante si nous avions d'autres récits que ceux des « grands chefs » ! Michelet disait qu'il aurait voulu savoir « l'histoire de cette foule anonyme de soldats qui tournoient en montant dans la spirale de la colonne Vendôme ». Nous sommes mieux partagés que lui depuis la publication de mémoires comme ceux du sergent Bourgogne. Mais nous voudrions connaître

---

(1) Bourgeois, Bibliothèque de la Faculté des lettres de Lyon, tome I (1887).

(2) Pour la bibliographie, consulter la *Bibliographie de l'Histoire de France*, de G. Monod (1884), p. 322, 367, etc.; l'*Histoire géné- rale* de Lavisse et Rambaud, t. VI, p. 141 ; la *Civilisation fran- çaise*, de Rambaud, t. II, p. 233.

aussi les sergents et les soldats du XVIIᵉ siècle
(Lafleur et ses camarades), pénétrer plus intimement
dans l'esprit et dans l'âme des petits qui ont fait la
France si grande.

Faute de documents plus instructifs, les quelques
chansons militaires que nous possédons ont leur
saveur ; par exemple, ce refrain bien militaire de la
Chanson du roi de Savoie (1) :

> Et rantanplan, gare, gare, gare !
> Et rantanplan, gare de devant !

et ce *lai* que chantaient nos soldats en Allemagne :

> Lon lon la, laissez-les passer
> Les Français dans la Lorraine.
> Lon lon la, laissez-les passer,
> Ils ont eu du mal assez (2).

---

(1) Elle est sûrement du règne de Louis XIV ; malheureusement, il n'est pas absolument sûr qu'elle soit une chanson *militaire*
à proprement parler (V. *Mélusine*, 1878, col. 27).

M. Tiersot (*Histoire de la Chanson populaire*, 1889, p. 175) a
publié une chanson militaire du XVIIᵉ siècle : *Compagnons, pourquoi nous abattre ?* Mais c'est plutôt une satire contre les Hollandais
vaincus, qui confessent leur infériorité :

> Luxembourg fait le diable à quatre,
> Ayons des pieds, s'il a des bras.

(2) J'ignore quel était le reste de la chanson ; mais j'en connais
une habile « restitution » imaginée par M. Pierre Gauthiez (*Revue
Bleue*, 26 décembre 1891) ; elle est d'une si remarquable justesse
d'accent que je ne résiste pas au plaisir de la citer ici :

> Ils ont traversé le Rhin
> Avecque Monsieur Turenne.

10.

C'était leur manière de chanter :

Nous l'avons eu votre Rhin allemand :
Il a tenu dans notre verre !

Les anciens soldats. — Ces soldats racolés, qu'on a comparés quelquefois aux soldats de nos bataillons d'Afrique, méritent une meilleure réputation.

L'histoire du *régiment de Carignan*, qui ne paraît pas avoir été mieux composé que les autres, nous montre ce que peuvent devenir des hommes d'éducation médiocre, à l'école de la discipline et de l'honneur. En 1665, Colbert, pour soumettre les Iroquois, qui, excités par les Anglais, scalpaient nos missionnaires et nos colons, imagina d'envoyer au Canada ce brave régiment de Carignan qui s'était distingué à la bataille du faubourg Saint-Antoine, et plus récemment à la

---

Sonne, fifre et tambourin.
Ils ont traversé le Rhin
Lon lon la, etc.

Flambe le Palatinat !
Feu de joye en Allemagne !
Une, deux et trois campagnes,
C'est le tour à Catinat.
Lon lon la, etc.

Catinette, Catinat !
Toutes les fleurs de l'Empire :
Landau, Worms, Mayence et Spire,
Le Français les butina.

Lon lon la, laissez-les passer
Les Français dans la Lorraine.
Lon lon la, laissez-les passer,
Ils ont eu du mal assez.

bataille de Saint-Gothard contre les Turcs (1). Les
Iroquois domptés (1666), Colbert accorda leur congé à
tous les hommes du régiment qui voudraient se fixer
dans la colonie. 800 environ acceptèrent. Ceux de leurs
officiers qui restèrent avec eux reçurent des comtés et
des baronnies, et devinrent les seigneurs de leurs anciens subordonnés.

Jamais le Canada n'a reçu un contingent plus important de la mère patrie. Ces 800 soldats formèrent une
population solide, disciplinée. L'intendant Talon s'oc-
cupa de les marier ; il s'adressa à Colbert : « Il faudrait
« fort recommander, écrit-il, que l'on choisît des filles
« qui n'eussent aucune difformité ni un extérieur
« repoussant, mais qui fussent fortes, afin de pouvoir
« travailler dans ce pays. » Colbert accueillit cette
demande avec empressement : il s'adressa à l'Hôpital
général, aux communautés, aux Jésuites, à l'arche-
vêque de Rouen. Plusieurs centaines d'orphelines, dites
« filles du roi », au lieu de devenir servantes en
France, furent expédiées à la Nouvelle-France, avec
une dot de 50 livres. Elles y épousèrent les anciens
volontaires et les anciens racolés du régiment de Carignan : elles y eurent beaucoup d'enfants (Talon écrit
avec joie à Colbert en 1671 : « Les naissances de cette
« année sont de près de 700. ») et le plus grand nombre des Canadiens actuels, dont vous savez les qualités
physiques et morales, sont les descendants de ces
orphelines et de ces soldats congédiés. Grâce au régi-

---

(1) Ajoutons, pour être complet, que Colbert avait fondu les
1000 hommes du régiment de Carignan avec quelques centaines
d'hommes du régiment de Balthazar, composé surtout de Français
de l'Est (V. général Suzane, *Histoire de l'infanterie*, t. IV, p. 120).

ment de Carignan, il y eut sur la terre beaucoup de
Turcs de moins et surtout beaucoup de Canadiens de
plus : son rôle dans le monde est doublement glorieux.

Nous sommes loin de ces soldats mercenaires d'an-
tan qui, la campagne finie, se changeaient en voleurs
de grand chemin. J'imagine que Picardie, Piémont,
Auvergne, Alsace, Rambures et tous les autres éga-
laient leurs camarades d'outre-mer par leurs vertus
militaires et civiques. Ne faisons pas d'eux de petits
saints, des modèles de bon ton et de bonnes manières,
mais ne les confondons point avec leurs prédécesseurs
qui ressemblent un peu trop aux bandes de Wallenstein, ni avec leurs successeurs, trop prompts au pillage
et au désordre, qui collaborent avec Soubise à la défaite
de Rosbach. On a vu des hommes d'origine semblable
devenir des héros ou des bandits, suivant qu'ils étaient
disciplinés ou non. Tant il est vrai que la force des
institutions fait la force des armées !

CONCLUSION

Si Saint-Simon, interprète des sentiments d'une partie de la noblesse, a dressé contre Louvois, par dépit, le violent réquisitoire que l'on sait, l'étranger apprécie ce que vaut son œuvre. Ainsi, l'envoyé de Brandebourg Spanheim admire dans l'armée française, en 1690, le nombre et la qualité des bons officiers, « *l'application* « *aux armes de la noblesse et de toute la jeunesse fran-* « *çaise,* dès qu'elles sont en état de porter les armes », — « le travail presque continuel des troupes », — « le « maintien de la discipline », — « le profond senti- « ment du devoir ». Et il conclut par ces mots : « La « force de la France s'explique par le bon et grand « ordre qu'il y a dans l'armée (1). »

Les résultats. — Cette armée monarchique et aristocratique, dont l'âme est faite d'esprit militaire, a combattu et battu l'Autriche, l'Espagne, les Turcs, la Hollande, le Brandebourg, la Savoie, l'Angleterre. Vous savez ses victoires. Elle a pris à l'ennemi 1600 drapeaux qui ont fait aux Invalides et à Notre-Dame la plus merveilleuse des tapisseries (2). Grâce à elle la

---

(1) Ezéchiel Spanheim. *Relation de la Cour de France en* 1690. Paris, 1882.

(2) Jusqu'au jour où le maréchal Sérurier dut les faire brûler

France a atteint sur plusieurs points ses frontières naturelles, complété son « pré carré », dominé le monde
par ses armes, comme elle le domine par ses idées et
par sa civilisation.

Quelles que soient nos croyances religieuses et politiques, nous devons reconnaître, sans aucun reniement,
que notre patrie, dont l'histoire ne commence pas à la
Révolution, doit à cette armée une part de sa force et
de sa grandeur.

Jugement d'ensemble. — Nous devons reconnaître
assurément que ces institutions militaires sont loin de
la perfection. Nous y constatons d'abord deux vices
principaux : d'un côté le mode de recrutement, qui fait
affluer dans ses rangs trop d'hommes d'origine douteuse, et qui n'assure pas au pays les réserves nécessaires, surtout en cavalerie et en artillerie ; — d'autre
part la ligne de démarcation presque infranchissable
qui, suivant l'expression du général Foy, « sépare les
« officiers appelés à occuper tous les grades sans avoir
« toujours pris la peine de les gagner, et les soldats
« condamnés à tout mériter sans rien obtenir ». Ces
vices n'apparaîtront à tous les yeux que sous Louis XV,
mais ils sont déjà en germes dans les armées de
Louis XIV ; ils tiennent aux institutions sociales et ne
disparaîtront qu'à la Révolution. Il est probable que,
si le sergent Lafleur est devenu lieutenant, il n'est
jamais devenu capitaine, faute d'argent. Sous Louis XIV,
Hoche eût eu peine à passer sous-lieutenant. Sous la

---

en 1814, dans la cour des Invalides, pour les empêcher de tomber
aux mains des alliés.

Révolution, Lafleur eût eu chance de passer général.

Enfin, s'il est bon que l'armée soit tout entière dans la main du roi, il est mauvais qu'il transforme ses fantassins en manœuvres, pour détourner le cours de l'Eure, ses soldats de toutes armes en incendiaires pour dévaster le Palatinat, ses dragons en missionnaires bottés, pour convertir les protestants. Le règne de Louis XIV, qui est la plus séduisante justification de la monarchie absolue jusqu'à une certaine date, en est ensuite la condamnation.

Louis XIV et Louvois méritent la haine de nos ennemis, mais nous Français, nous ne devons pas les juger comme si nous étions des Anglais et des Allemands. Il est permis d'estimer qu'ils ont trop aimé les conquêtes, qu'ils ont abusé de leur force, qu'ils ont donné des ordres cruels et impolitiques. Mais il nous faut nous rappeler d'abord le bien qu'ils ont fait à la France, et réserver notre haine pour ceux qui ne lui ont fait que du mal.

L'ARMÉE DE LA RÉPUBLIQUE

(1792-1799)

Par M. Albert SOREL

DE L'ACADÉMIE FRANÇAISE
ET DE L'ACADÉMIE DES SCIENCES MORALES ET POLITIQUES

11

L'ARMÉE DE LA RÉPUBLIQUE

(1792-1799)

Lorsque la guerre commença, en 1792, la France n'avait à opposer aux Autrichiens et aux Prussiens coalisés que 82,000 hommes. La ligne était patriote, dévouée à la Révolution, mais elle était désorganisée, indisciplinée. Sur 9,000 officiers, 6,000 avaient émigré. La grande masse de l'infanterie et de la cavalerie n'avait guère conservé que ses cadres inférieurs. Il n'y avait d'intact, à peu près, que l'artillerie, célèbre dans toute l'Europe ; c'était l'arme que l'émigration avait le moins désorganisée. Les premières rencontres avec l'ennemi furent désastreuses et tournèrent en paniques (avril-mai 1792).

Cependant, cette armée est le noyau de celle qui força, quatre mois après (septembre 1792) les Prussiens à reculer à Valmy ; qui, six mois après (novembre 1792) battit les Autrichiens à Jemmapes, conquit la Belgique et la rive gauche du Rhin ; c'est de ce noyau que sortirent les armées de Fleurus et de Lodi, et sinon tous les soldats, au moins les officiers qui combattirent à Marengo, Hohenlinden, Austerlitz, Iéna, Wagram, les instructeurs, les chefs de la « *Grande Armée* ». Cette armée française diffère à la fois de l'armée de la monarchie française, d'où elle sort en partie, et des

armées des monarchies européenes, qu'elle combat
et domine. Elle n'est pas plus l'armée du maréchal de
Saxe que celle du grand Frédéric ou de Souvarof.
Qu'est-elle? l'armée française par excellence. D'où
vient-elle? de la nation française. Qui l'anime? l'âme
même de la France.

Au mois de mai 1792, au moment où l'indiscipline
et les paniques semblaient annoncer les désastres,
c'est-à-dire l'invasion, le démembrement, l'assujettis-
sement de la patrie, à laquelle l'étranger imposerait
des lois et arracherait des provinces, un grand poète,
en même temps citoyen très pur, et aussi attaché à
l'honneur de la France qu'aux conquêtes de la Révolution, *André Chénier*, s'écriait :

« O vous tous, dans la détresse et l'amertume des discordes
politiques, vous dont l'âme sait sentir ce qui est honnête et
bon ; vous tous qui avez une patrie et qui savez ce que c'est
qu'une patrie ; et qui saviez ce que vous disiez quand vous
jurâtes de la défendre, et pour qui vivre libre ou mourir
signifie quelque chose ; citoyens français, vous tous qui avez
des fils, des femmes, des parents, des frères, des amis avec qui
et pour qui vous voulez vaincre, avec qui et pour qui vous êtes
résolus de mourir, jusqu'à quand parlerons-nous de notre
liberté pour rester esclaves de factions impies ? Élevez donc la
voix, montrez-vous ! que la nation paraisse... (1). »

Elle parut. Les camps se peuplèrent de jeunes
hommes vaillants et impétueux. Ils y apportent une
passion qui résume toutes les vertus civiques : le
patriotisme. La nation n'était point usée. La corruption, dont on a tant parlé, n'était qu'à la surface ; elle

(1) André Chénier, 5 mai 1792 : *De l'indiscipline des armées.*

n'avait atteint que le très petit nombre, l'écume brillante de la société; mais si elle avait achevé de
détruire, dans l'aristocratie, l'esprit politique, elle n'y
avait nullement détruit les qualités militaires; on le
vit par la vaillance des Vendéens, par celle des émigrés, par celle que déployèrent tant d'officiers nobles
au service sous Napoléon. La grande masse du peuple
était intacte. Jeunes bourgeois, jeunes gentilshommes
pauvres des provinces, paysans, artisans des villes
formaient une réserve quasi-inépuisable de courage,
d'énergie, d'intelligence, de dévouement : âmes saines,
intelligences simples et droites, cœurs vaillants, ouverts à l'enthousiasme, corps robustes, exercés par le
travail, la vie des champs, la chasse.

La Révolution exalte en eux toutes les passions (1),
les intérêts individuels : égalité, aspiration aux
grades, aux emplois, et les passions collectives :
amour du pays, orgueil national, dédain des étrangers, désir d'extension du territoire au nord et à l'est.
L'ambition et le désintéressement, la haine de toute
une classe d'hommes, les privilégiés, et l'amour de
l'humanité; la haine pour les grands et la compassion
pour les humbles; l'enthousiasme des vérités nouvelles et l'instinct des traditions héréditaires, tout fer-
mente à la fois en eux et les soulève d'un même élan.
Ils sont certains, et ils se feront tuer sur cette certitude, qu'ils possèdent le secret de régénérer le monde,
qu'ils le régénéreront en le conquérant et le soumet-

---

(1) Voir : *L'Europe et la Révolution française*. Paris, Plon,
1887-1892, t. II, p. 531 et suiv. : Puissance nationale de la Révolution; p. 539 et suiv.: L'armée française.

tant à la France ; que le patriotisme français et la justice universelle se confondent et que la Révolution en accomplit par eux le règne. Elle le fait pour que la libre terre de France soit aux Français libres, et que les Français portent aux autres peuples la liberté qu'ils ont conquise pour eux-mêmes.

Avant tout, point d'étrangers ! La France entend se gouverner soi-même et soi seule. C'est en quoi la Révolution est toute française. La conception que le peuple s'en fait est très simple, accessible à tous, pénétrant tous. Comme la conception de la patrie, elle se présente en plus grandes images, appelle plus de souvenirs chez l'homme cultivé, nourri des traditions ; mais elle est tout aussi intense, en sa représentation naïve et en sa forme instinctive, chez l'homme du peuple.

Le Français juge la guerre nécessaire. Ce n'est pas seulement une glorieuse aventure, c'est un devoir urgent, une affaire de salut public. Avant de délivrer les peuples étrangers, les Français ont à se sauver eux-mêmes de la domination des étrangers. L'indépendance de la nation, la liberté même des citoyens sont en question. Cette question prime toutes les autres et touche tous les Français. Ils savent ce qu'est l'invasion et ce qu'est l'ancien régime : ils n'en veulent pas. Ils ont fait la Révolution pour détruire ce régime ; rapporté, imposé par les étrangers, il leur fait horreur. La patrie est menacée de démembrement, ils sont menacés de servitude ; ils sont résolus à se battre à outrance plutôt que de céder une province ou de renoncer à leurs droits de citoyens.

L'Assemblée déclare la patrie en danger. « De toutes parts on accourt aux armes... » raconte Gouvion-Saint-Cyr. Chacun entend l'appel, chacun l'entend avec son âme.

Voici un simple entre les simples, l'élément même du peuple dans l'armée, le jardinier Fricasse (1) :

« En ce temps, le citoyen Quilliard commandait la garde nationale du canton ; il donne ordre que toutes les communes se rassemblent au chef-lieu le 24 août 1792. Le 24, au matin, il nous dit :

« Vous savez sans doute la besogne que j'ai à remplir : il « nous faut plusieurs volontaires... Si toutefois il ne se trou- « vait pas assez de volontaires, tous les pères de famille et les « garçons seront obligés de tirer au sort. »

« Nous voilà donc à la ville, où tous les villages du canton étaient rassemblés. En premier lieu, il ne se trouvait guère de volontaires ; il était une heure de l'après-midi que plusieurs compagnies de garde nationale, composées de 160 hommes, n'avaient pas encore fourni l'homme qu'il leur fallait. Dans le nombre se trouvait la mienne, et je me trouvais rempli d'un désir depuis longtemps. Combien de fois j'avais entendu, par les papiers, la nouvelle que notre armée française avait été repoussée et battue partout ! Je brûlais d'impatience de voir par moi-même des choses qu'il m'était impossible de croire. Vous me direz que c'était l'innocence qui me faisait penser ainsi, mais je me disais souvent en moi-même : « Est-il donc « possible que je n'entende dire que des malheurs ?... » Oui ! il me semblait que si j'avais été présent le mal n'aurait pas été si grand. Je ne me serais pas dit meilleur soldat que mes compatriotes, mais je me sentais du courage et je pensais que, avec du courage, on vient à bout de bien des choses.

« En ce moment, pour remplir mon devoir, je me suis présenté à la tête de la compagnie ; je leur ai demandé s'ils me trouvaient bon pour entrer dans ce bataillon. Les cris de toutes

_____

(1) Journal de marche du sergent Fricasse, 1882.

parts se sont fait entendre : « Oh ! nous n'en pouvons pas
« trouver un meilleur que vous ! »

Voici de jeunes bourgeois : Moreau, avocat à
Rennes ; Suchet, fabricant à Lyon ; Chérin, fils de
généalogiste royal, élevé dans les archives ; Lavalette, clerc de procureur : « Le mot de patrie me fai-
« sait battre le cœur, écrit-il, le bonheur de com-
« battre pour ma patrie animait toutes mes pensées,
« et ces impressions profondes étaient partagées par
« tous les Français (1) ».

Voici de jeunes officiers sortis des écoles : Bonaparte,
Davout, Desaix, Marmont.

Voici de jeunes gentilshommes qui se sentent rivés
à la terre de la patrie, ne connaissent point de France
abstraite en dehors de la France réelle, où ont vécu
leurs pères, où ils sont nés. La guerre est une vocation héréditaire pour eux ; l'armée est aussi un
refuge contre les persécutions et les haines injustes.

« C'est à l'armée, écrit Dommartin en septembre 1791,
qu'est la place de tous les gens de bien ; aussi je pense avoir
trouvé moyen d'y faire entrer Raymond, de notre village ; je
crois lui avoir un brevet de sous-lieutenant d'infanterie (2). »

Voici des artistes, un jeune peintre, entré au
théâtre, destiné à devenir maréchal, pair de France,
organisateur de l'armée, où il s'engage obscurément,
perdu dans la foule, Gouvion-Saint-Cyr (3).

---

(1) Lavalette. *Mémoires.* — Cité par Chuquet : *La première
invasion prussienne.* Paris, 1886.

(2) Besancenet. *Un officier royaliste :* Dommartin. Paris, 1876.

(3) Gouvion-Saint-Cyr. *Mémoires,* t. 1.

« Du moment que l'ennemi se fut emparé de Longwy et eut investi Verdun, l'Assemblée nationale avait déclaré la patrie en danger. De toutes parts, on courut aux armes ; tout ce qui était en état de supporter les fatigues de la guerre se porta dans les camps. Un jeune homme aurait rougi de rester dans ses foyers quand l'indépendance nationale paraissait menacée. Chacun abandonna ses études, sa profession, et des armées se formèrent qui assurèrent le triomphe de la France. »

Puis, des esprits cultivés, raffinés même, épris d'art, de philosophie, lecteurs de Jean-Jacques, de Diderot, de Voltaire, un seul exemple suffit : Stendhal, père des « psychologues »...

« En 1794, notre sentiment intérieur et sérieux était tout renfermé dans cette idée : être utile à la patrie. Tout le reste, l'habit, la nourriture, l'avancement, était à nos yeux un misérable détail éphémère... Nos seules réunions étaient des fêtes, des cérémonies touchantes, qui nourrissaient en nous l'amour de la patrie. Dans la rue, nos yeux se remplissaient de larmes en rencontrant une inscription en l'honneur du jeune tambour Barra. Ce sentiment fut notre seule religion (1). »

Enfin, toute une génération, les militaires dans l'âme, qui servaient ou avaient servi dans le rang, qui n'avaient rien à espérer, et qui, lorsque la guerre éclata, révélèrent des guerriers de premier ordre. Le caractère entreprenant, aventureux, batailleur, le hasard des rencontres, l'inquiétude ou l'excès du sang, le dégoût de la vie sans horizon, étouffée dans le labeur des ateliers ou des bureaux, des écarts de jeunesse parfois, les avaient jetés au service. Ils lan-

---

(1) Stendhal : *Vie de Napoléon*. Paris, 1876.

guissaient dans les casernes. Plusieurs avaient demandé leur congé, d'autres étaient en réforme : soldats de fortune, appelés à des fortunes extraordinaires :

Hoche, Marceau, Championnet, gloires de la République; Lecourbe, qui se montra tacticien supérieur; Jourdan, qui vainquit à Fleurus; Masséna, dont Napoléon disait : « Masséna a des talents militaires devant lesquels il faut se prosterner (1). »

Des maréchaux et ducs futurs : Victor, Lefebvre, Augereau, Bessières, Ney, Soult, Moncey; jusqu'à des rois, ceux qui passèrent rois! Bernadotte, qui en a fait souche; Murat, qui écrivait en 1792 (2) :

« ...Je plaindrais moins mon frère s'il avait perdu la vie pour le service de la patrie ; vous-même, vous seriez dispensé de le pleurer. Quant à moi, si jamais vous apprenez ma mort, gardez-vous d'en pleurer, mon père. Le plus beau sacrifice que je puisse faire de ma vie c'est, sans doute, de mourir avec mes frères pour la défense de la République...

« Si ma patrie reconnaissante accorde des récompenses à ses défenseurs, ne craignez pas la misère, mon père. Je viendrai consacrer auprès de vous et de ma chère mère mes moments les plus doux, et, déposant mes armes à l'exemple de ces braves Romains, je viendrai auprès de mon jeune frère prendre des leçons d'agriculture et travailler, pour vous nourrir dans votre vieillesse, aux pénibles travaux de la charrue. »

Et c'était sincère. Tout était sincère en ces années héroïques. C'est la France qui se lève et marche pour

(1) Au prince Eugène, 30 avril 1809.
(2) Murat à son père, 15 février 1793. — *Murat, lieutenant de l'Empereur en Espagne*, par le comte Murat. Paris, 1897.

le salut et la gloire de la France. La France sera sauvée
par elle-même.

Sans doute ils sont plus ou moins imbus de la littérature de leur temps. Ils parlent plus ou moins Rous-
seau. Mais ils n'ont rien de genevois. L'appoint de littérature n'est chez eux que du jargon, de la convention, de la mode; il est tout superficiel. Ils sont les
moins cosmopolites des hommes, c'est pourquoi ils
seront si aisément conquérants.

Ils parlent en métaphores classiques, ils s'expriment
en Romains de théâtre; c'est le langage du temps. Ils
se piquent de ressusciter Phocion, Scipion, Cincinna-
tus. Ils font mieux que de réciter des rôles de tragé-
die. Ils renouvellent du Guesclin, Bayard, Condé,
Turenne, Vauban. Cette armée, comme la République
dont elle est l'œuvre, n'a de grec et de romain que la
rhétorique : toutes les pensées, toutes les passions,
toutes les vertus sont françaises.

La patrie est pour eux ce qu'elle a toujours été pour
leurs pères, non une conception abstraite de gouvernement, une entité métaphysique, une cité d'utopie,
mais une *terre*, le pays où ils sont nés, où ils veulent
mourir, le lieu de toutes leurs affections, de tous leurs
souvenirs, de toutes leurs espérances.

Jamais nation ne présenta une image plus noble,
plus fière et plus vraie de soi-même que ne le fit la
France en ses armées républicaines. Elles sont l'incar-
nation de cette unité nationale que la monarchie
cimentait depuis des siècles.

« La patrie française était fondée (au milieu du onzième
siècle), le sentiment national existait dans ce qu'il y a de plus
intime, de plus noble et de plus tendre... Deux caractères y

dominent : la tendance à l'unité et la tendance à l'expansion...
La France s'envisage comme chargée d'une mission chrétienne
et belliqueuse.

. « ...Elle regardait déjà comme sa véritable tâche d'exercer
sur le reste de l'Europe une hégémonie morale, en vue d'une
grande œuvre commune (1). »

C'est la Gaule de Vercingétorix, c'est la France des
croisades, c'est la France de Jeanne d'Arc. Les voix
qu'ils entendent ce sont celles qui appelaient Jeanne ;
elles viennent d'en haut — du ciel de France —; elles
descendent de toute notre histoire, elles en éveillent
l'écho dans toutes les profondeurs de notre passé.
Ecoutez Michelet (2) :

« L'idée qu'elle avait, pendant tout le moyen âge, poursuivie
de légende en légende, cette idée se trouva à la fin être une
personne ; ce rêve, on le toucha. La Vierge secourable des
batailles que les chevaliers appelaient, attendaient d'en haut,
elle fut ici-bas... En qui ? c'est la merveille. Dans ce qu'on
méprisait, dans ce qui semblait le plus humble, dans une
enfant, dans la simple fille des campagnes, du pauvre peuple
de France...; car il y eut un peuple, il y eut une France.
Cette dernière figure du passé fut aussi la première du temps
qui commençait. En elle apparurent à la fois la Vierge... et
déjà la Patrie.

« Telle est la poésie de ce grand fait, telle en est la philosophie, la haute vérité. »

Ecoutons maintenant la parole même de ce pauvre
peuple qui entendait les voix à sa manière :

---

(1) Gaston Paris. *La poésie au moyen âge.* Paris, 1885.
(2) Michelet. *Histoire de France*, t. V.

La République nous appelle,
Sachons vaincre et sachons périr...

Ecoutons la prière du soldat républicain (1).

« Dieu de toute justice, être éternel et suprême souverain,
arbitre de la destinée de tous les hommes, toi qui es l'auteur
de tous biens et de toute justice, pourrais-tu rejeter la prière
de l'homme vertueux qui ne te demande que justice et liberté.

« Ah! si notre cause est injuste, ne la défends pas ! La
prière de l'impie est un second péché; c'est t'outrager toi-
même que de te demander ce qui n'est pas conforme à ta
volonté sainte.

« Mais nous te demandons que la puissance dont tu nous as
revêtus soit conforme à ta volonté. Prends sous ta protection
sainte une nation généreuse, qui ne combat que pour l'égalité.
Ote à nos ennemis détestables la force criminelle de nous
nuire, brise les fers des despotes orgueilleux qui veulent nous
les forger. Bénis le drapeau de l'union sous lequel nous voulons tous nous réunir, pour obtenir notre indépendance...

« Nous adorons Dieu chacun à notre manière, sous la protection des lois et sous la surveillance de l'autorité constituée,
et nous n'en sommes que meilleurs républicains. »

Ainsi ce sont toujours les mêmes Français, tels qu'ils
se sont retrouvés dans les grandes crises, après les
tempêtes, les tremblements de terre : l'indépendance
et l'unité de la patrie dans les moelles; cette grande
idée, ce fort ciment de l'unité qui viennent des Romains et que nos pères ont fait passer de l'État au
peuple, dont les Romains avaient fait une loi, et dont
les Français ont fait une foi. Ainsi ils s'étaient retrouvés au XVIᵉ siècle, quand les Espagnols d'un côté, les

_____

(1) Journal de Fricasse.

Allemands de l'autre, se disputaient la France, les Espagnols jouant de la Ligue et des catholiques, les Allemands de la Réforme et des hugenots; et les nôtres, demeurant purement Français, acclamèrent leur homme dans Henri IV. Ainsi Louis XIV les retrouva dans ses années désastreuses, dans sa retraite de Russie, dans le terrible hiver de 1709. — Ainsi on les a vu surgir et se reconnaître, en 1870, lors de la défense nationale ; — ainsi les retrouvera toujours qui saura les appeler en invoquant leur dévouement à la patrie.

Ils ne raffinent ni ne disputent sur la Révolution. Ils ne veulent savoir, ils ne savent qu'une chose : elle est essentiellement française. Royalistes purs et constitutionnels, Feuillants, Girondins, Jacobins, Montagnards, Hébertistes se disputent le pouvoir, Paris, l'Assemblée; ils argumentent sur les principes, ils conspirent les uns contre les autres, ils s'exterminent ; mais tous veulent qu'il y ait une France indépendante. Cela suffit aux soldats, — cependant que la petite troupe des émigrés et la grosse armée des alliés entourent la frontière, les premiers voulant anéantir la Révolution, les seconds démembrer la France. Dans ce grand péril, que fait le peuple de France qui remplit les armées, que fait l'armée républicaine ?

Écoutons encore Michelet (1) :

« L'originalité de la Pucelle, ce qui fit son succès, ce ne fut pas tant sa vaillance ou ses visions : ce fut son bon sens. A travers son enthousiasme, cette fille du peuple vit la question et sut la résoudre.

_____

(1) Michelet, t. V.

« Le nœud que les politiques et les incrédules ne pouvaient
délier, elle le trancha. »

En 1791, la guerre menaçait déjà, tout semblait
trembler et s'effondrer : le roi avait quitté Paris :
« Monsieur le général, le roi de France est parti, il est
« en fuite ! » répondait, à l'époque de Varennes, un
administrateur effaré, à un officier qui réclamait des
mesures de défense. — « S'il est parti, la nation reste »,
répliqua le général. « Délibérons sur ce qu'il y a à
« faire. »

Ainsi firent ces bons soldats français. L'armée se
refusa à l'embauchage des officiers émigrés. Elle se
refusa successivement à Bouillé, à Lafayette, à Dumouriez. Elle ne s'enquiert point de ce qui se passe dans
l'État ni du nom de ceux qui gouvernent. Elle ne
combat point pour eux, mais pour la France. Elle
regarde en avant, où sont les étrangers qui menacent
de démembrer la patrie, et non en arrière où sont les
factions qui la déchirent. Elle va au plus pressé, qui
est le salut de la nation, et ne balance pas sur les
moyens, car il n'y en a qu'un : marcher à l'ennemi.
Le devoir est là, il est évident, l'armée ne demande rien
de plus. Tant que la coalition pressera la frontière,
tant que l'émigration s'armera pour une revanche, tant
que la France sera en péril et la Révolution en question, l'armée se battra, sans réclamer de ses chefs autre
chose que de la mener à la bataille. Elle obéit, en cela,
à un instinct mystérieux et sacré. Joseph de Maistre
suppose que le génie même de la France ait parlé aux
soldats français, et il lui fait dire ceci :

« Ce n'est point pour ce moment que nous devons agir, mais
pour la suite des temps : il s'agit surtout de maintenir l'inté-

grité de la France, et nous ne le pouvons qu'en combattant pour le Gouvernement, quel qu'il soit ; car de cette manière la France, malgré ses déchirements intérieurs, conservera sa force militaire et son influence extérieure (1). »

Ainsi se retrouvent dans les camps, selon l'admirable expression de Taine, « vierges pures dans l'imagina-« tion de l'officier et du soldat », toutes les nobles idées qui ont fait la Révolution et soutiennent la République : liberté, égalité, droits de l'homme, avènement de la raison. Rien n'est plus beau, aux yeux de ces soldats républicains, que de mourir pour la patrie, et ils donnent, avec enthousiasme, leur vie à une chose qui, à leurs yeux, domine la Révolution même, la France. C'est pourquoi ils obéissent, c'est pourquoi ils ont continué d'obéir, même pendant la Terreur, refusant de regarder, refusant d'entendre ce qui n'est pas le simple devoir.

Ils obéissent au pouvoir civil qui commande la défense nationale, non parce que le pouvoir appartient à telle ou telle faction, mais parce qu'il parle au nom de la nation française et qu'il commande la chose française par excellence, la chose nécessaire et supérieure, et parce qu'il est réellement, en cela, le gouvernement du Salut public. Mais de cette obéissance des armées, non plus que du salut de l'État, il ne faut pas faire honneur aux terroristes : C'est le plus détestable des paradoxes du soutenir que la Terreur, c'est-à-dire le gouvernement de la peur par la peur, a été nécessaire pour sauver la France ; de supposer fondée sur la

---

(1) Joseph de Maistre. *Considérations sur la Révolution fran-çaise*, 1796.

peur, sur les sbires et les bourreaux, cette république qui triomphe par le courage et le sacrifice (1).

Ils obéissent, ils s'exercent, ils se disciplinent; mais il y faut du temps et ils n'y arrivent pas sans efforts.

Le temps leur est donné par les mois d'hiver, par les lenteurs, les divisions des coalisés. Les occasions leur sont fournies par les actions de détail. La guerre commence en avril 1792. La France, envahie et délivrée une première fois — septembre 1792 — envahit à son tour, puis recule, désorganisée — avril 1793. — Elle se refait, défend sa frontière, en chasse l'ennemi — septembre-décembre 1793, — et elle reprend l'offensive, été 1794. Ce temps lui a permis de former ses soldats et de dégager ses héros. Ce temps lui a manqué en 1870, où l'effort, cependant, a été aussi grand, plus grand même, peut-être.

Considérons ces jeunes hommes qui s'engagent, en 1791, que l'on enrôle en 1792, 1793. C'est, à vrai dire, la pure génération militaire de la République. « Ce sont « des Français, l'espèce en est bonne, écrivait un gé- « néral; mais la facilité des engagements y a adjoint « des hommes peu accoutumés à l'obéissance et à la « discipline que le service exige. Point d'obéissance, « point de commandement. » Deux ans après, un de ces soldats, un simple paysan, écrit dans son journal (2) :

« L'armée de Sambre-et-Meuse passait alors pour être si peu disciplinée, parmi les Français, que l'on croyait que les géné-

---

(1) Voir *L'Europe et la Révolution française*, t. II, p. 524 : La Terreur et la défense nationale.

(2) Fricasse, printemps de 1795.

raux n'osaient livrer aucun combat, faute de discipline et de subordination. Le tout venait de la part des ennemis de la liberté, qui cherchaient à mettre le désordre parmi nos troupes en faisant naître l'idée que le droit de la guerre était de piller tout pays conquis.

« Mais le Français a su se comporter plus vaillamment, car *c'est la discipline qui a fait tous nos succès* et qui a excité l'admiration de toute l'Europe. Voilà pourquoi les ennemis de la République voulaient nous entraîner au pillage ; *les perfides savaient bien qu'une armée sans discipline est une armée vaincue ;* ils savaient par eux-mêmes que les brigands ne sont jamais qu'une troupe de lâches.

« Nous avons démenti cette calomnie par notre conduite ; l'amour de l'ordre et de la discipline, le respect pour les personnes et les propriétés, distingueront toujours l'armée de Sambre-et-Meuse. »

Qui les forme, les organise, les exerce, les discipline de la sorte ; qui les commande et les guide ; qui tire de leurs rangs cette extraordinaire génération d'hommes de guerre que la France portait en soi et sans laquelle toutes les plus nobles convictions du monde, tout l'enthousiasme n'auraient pas suffi ?

En premier lieu, des cadres admirables où l'on trouve — nous l'avons déjà vu — Hoche, Marceau, Victor, Oudinot, Lecourbe, Jourdan, Masséna, Friant, Lefebvre, Augereau, Murat, Bessières, Ney, Soult, Pichegru, Moncey, Championnet, Bernadotte, caporaux ou sous-officiers.

Au-dessus, et au début, ce qui subsiste des officiers de l'ancien régime ; des généraux ayant fait la guerre de Sept ans ou la guerre d'Amérique : Kellermann, Dumouriez, Biron, Custine, Montesquiou, — état-major de la première campagne, de la première conquête de

la Belgique, du Rhin, de la Savoie. Ils se sont jetés
dans la politique, ils y succombent. Vient le second
ban, quelque chose comme les Chanzy et les Faidherbe
de 1870, purs militaires, de la lignée de Fabert, les plus
propres à transmettre aux jeunes générations, avec les
connaissances techniques et l'expérience, les traditions
du vieil honneur français : Dagobert, Dugommier, Pé-
rignon, Kléber, Sérurier, Shérer, Le Veneur, le maître
de Hoche. Puis les directeurs et organisateurs, sortant,
la plupart, des armes spéciales, Dubois-Crancé, Car-
not, d'Aboville, Galbaud, Grimoard, d'Arçon, Meunier,
« âmes de fer, pétries de ressources », qui possèdent
la science, la connaissance des champs de bataille, la
tradition des luttes classiques sur les frontières, toujours attaquées, toujours défendues. Entre leurs mains,
à leur exemple, se forme la nouvelle armée et se développe cet honneur des armes, aussi nécessaire aux
républiques qu'aux monarchies et qui est une vertu
quand il se fonde, comme ici, sur le plus pur patriotisme.

Écoutez cette anecdote de la plus dure des années de
guerre, 1794, et de la plus dure des guerres, la guerre
civile : Muscar s'est engagé en 1774 ; caporal au bout de
sept ans, sergent-major en 1791, lieutenant à Valmy,
il est adjudant à l'état-major en 1793. La troupe
manque de tout. Muscar va à Nantes réclamer des
vivres et des munitions. Il revient sans charrettes de
vivres ni caissons de cartouches. La sédition, qui cou-
vait, éclate. Muscar fait former le carré ; par habitude,
le soldat obéit. Muscar commande de présenter les
armes, le genou en terre, et, d'une voix forte, lit un
décret qu'il rapportait de Nantes… en guise de vivres :
« La Convention décrète que le 8ᵉ bataillon du Bas-

« Rhin a bien mérité de la patrie. » — A ces mots, les
cris de : *Vive la République !* se firent entendre ; l'enthousiasme éclata de toutes parts. Les soldats se rele-
vèrent... se jetèrent dans les bras les uns des autres,
et on jura de nouveau de mourir pour la patrie. Puis
le bataillon se reforma et rentra au poste (1).

Ils sont exaltés de leur mission :

« On recevait les boulets par les cris de : Vive la nation !
Vivent la liberté et l'égalité ! (2)... »

« Je me trouvais comme transporté dans une atmosphère
lumineuse. J'en ressens encore la chaleur et la puissance
à 55 ans comme au premier jour (3). »

Avec cela, le sentiment qu'ils portent à l'humanité,
la justice, le bonheur, la paix dans la liberté! On a
comparé, par dérision, la propagande de la Révolution
française à celle de l'islamisme : comparaison juste, en
ce sens que la Révolution fut pour les Français une
religion, qui eut ses apôtres, ses prosélytes et ses martyrs ; fausse, injurieuse, en ce sens qu'elle assimile à
l'islam, fanatisme despotique, une mission d'affranchissement. Les dogmes de la Révolution, l'âpre sophis-
tique du *Contrat social*, demeurent le fait des pontifes.
Le soldat, c'est-à-dire l'apôtre, entend la Révolution
sans dogmes et sans inquisiteurs, avec son imagination, avec son cœur, en Français humain, chaleureux,
magnanime. Pour l'élan des âmes, la véritable analo-
gie, ce n'est pas l'invasion musulmane, c'est la croisade

(1) Albert Duruy. *Le brigadier Muscar*, 1856, d'après un récit
d'Abel Hugo. Vendée, 1794.
(2) Davout, 4 septembre 1792.
(3) Marmont. *Mémoires.*

que prêchait saint Bernard : « Volez aux armes, et que
« le monde chrétien retentisse des paroles du prophète :
« Malheur à qui n'ensanglante pas son épée ! » La vraie
croisade, avec son peuple de soldats obscurs, venus des
campagnes, pleins d'abnégation et d'enthousiasme :
voilà ce que l'armée républicaine ressuscite en son
premier essor.

Ces soldats de France, qui promenèrent sur toutes
les routes de l'Europe leurs pieds nus et leurs uniformes en lambeaux, feront des riches et demeureront
indigents ; ils conquerront des royaumes, et, partis
de leur village jeunes et misérables, ils y reviendront
— ceux qui reviendront — misérables et vieux. Fusil-
lés par les armées des rois parce qu'ils apportent la
liberté aux peuples, assassinés par les populations en
révolte parce qu'ils ne donnent pas la liberté promise,
ils travaillent cependant pour l'avenir, pour l'humanité, et si, au-dessus de ces temps ensanglantés, il
s'élève une image pure et radieuse de la France, on le
doit à ces héros pauvres et bons, au grand cœur, à
l'âme naïve, qui ne comptaient dans les armées que
pour un chiffre et qui n'ont laissé, dans l'armée où ils
ont combattu, d'autre souvenir que leur nom de peuple :
un Français (1) !

Les peuples — Belgique, Rhin, Hollande (fin 1794-
printemps de 1795) — voyaient avec étonnement ces
troupes déguenillées, hâves, amaigries, mais fières,
gaies, martiales et disciplinées, s'avançant dans la victoire, avec la poussière et les haillons de la déroute.
Ces peuples s'inclinaient devant je ne sais quoi d'inat-

---

(1) *L'Europe et le Directoire* (Revue des Deux Mondes, 1897).

tendu et d'auguste qu'ils devinaient en elles, et les soldats gagnaient les cœurs de leurs hôtes dont ils partageaient la misère.

Cette misère qui contrastait déjà avec le luxe, l'en-richissement des fournisseurs, cette humanité, ce désin-téressement qui contrastaient encore davantage avec la dureté, l'âpreté des commissaires et agents fiscaux qui menaient les réquisitions, les contributions, furent extrêmes dans la campagne de 1794-1795 :

« Les officiers donnaient l'exemple du dévouement : le sac sur le dos, privés de solde, ils prenaient part aux distributions comme les soldats.

« On leur donnait un bon pour toucher un habit ou une paire de bottes... Cependant, aucun ne songeait à se plaindre de cette détresse ni à détourner ses regards du service, qui était la seule étude et l'unique objet d'émulation. Dans tous les rangs le même zèle, le même empressement à aller au delà du devoir... C'est l'époque de ma carrière où j'ai le plus travaillé et où les chefs m'ont paru le plus exigeants. Dans le rang des soldats c'était le même dévouement, la même abnégation...

« *Jamais les armées n'ont été plus obéissantes* ni animées de plus d'ardeur ; *c'est l'époque des guerres, où il y a le plus de vertu dans les troupes* (1). »

« La misère augmentait tous les jours pour les défenseurs de la patrie. Nous avons été réduits à douze onces de pain par jour, et bien des fois on ne pouvait pas en avoir. Il fallait cependant faire son service, bivouaquer et monter la garde très souvent. Mais le printemps nous produisait des plantes pour un peu nous soutenir, qui étaient des feuilles de pois sortant à peine de terre, des coquelicots ou feu-d'enfer, du sarrasin, du pissenlit. Avec tous ces herbages nous en faisions une farce, que nous mangions en guise de pain, et, lorsque le seigle est

(1) Soult. *Mémoires*, an III, 1794-1795.

venu en grains, on allait lui couper la tête et on le faisait griller sur le feu. Les pommes, à peine défleuries, nous servaient aussi de nourriture.

« C'était vraiment une grande misère ; on voyait plusieurs soldats cachés derrière des haies attendant que le laboureur, qui plantait des pommes de terre fendues en quatre pour en récolter pour l'hiver prochain, fût parti de son champ. Aussitôt les soldats affamés parcouraient le champ, cherchant dans la terre les petits morceaux de pomme de terre, et revenaient au camp avec leur petite proie et les faisaient cuire.

« Entrés dans la ville de Coblentz à 8 heures du matin, nous avons été logés dans des maisons d'émigrés toutes dévastées, et à peine avions-nous de la paille pour reposer nos pauvres membres navrés de fatigue, avec notre livre de pain et notre once de riz. Bien des fois on ne pouvait pas avoir du pain et très peu de viande bien maigre ; nous ne pouvions trouver aucune chose pour notre papier, car personne ne s'en souciait, et pour un pain de trois livres il fallait donner 25 francs en papier (1). »

Avec cela justement orgueilleux de leur gloire sans tache, de leur guerre de délivrance immaculée, de leur guerre de liberté, encore toute pleine d'illusions :

« L'enthousiasme pour les vertus républicaines, éprouvé dans les années appartenant encore à l'enfance, le mépris excessif et allant jusqu'à la haine pour les façons d'agir des rois, contre lesquels on se battait, et même pour les usages militaires les plus simples, qu'on voyait pratiquer par leurs troupes, avaient donné à beaucoup de soldats de 1794 le sentiment que les Français seuls étaient des êtres raisonnables. A nos yeux les habitants du reste de l'Europe, qui se battaient pour conserver leurs chaînes, n'étaient que des imbéciles

_____

(1) Fricasse. Printemps de 1795.

pitoyables ou des fripons vendus aux despotes qui nous atta-
quaient (1). »

C'est l'âge héroïque, c'est l'époque de jeunesse où
l'enthousiasme retourne en vertu ; où la force, en sa
plénitude, ne se connaît point encore et s'effraye de
l'abus de soi-même ; où la victoire, encore nouvelle,
suffit à ravir les âmes et demeure à la fois joyeuse et
pitoyable. Nulle avidité, nul mépris des faibles, des
pauvres, des désarmés ; mais le sentiment expansif de
la délivrance qu'on porte avec soi. Ces armées semblaient se lever dans l'aurore d'un beau jour. La fraî-
cheur de l'air, la certitude d'un repos prochain et d'un
bonheur qui ne finirait pas donnaient à leur allure je
ne sais quoi d'allègre et d'exalté, qui les faisait marcher sans souci des épreuves et des tentations.

C'est que tous étaient partis avec l'illusion que la
guerre finirait en une ou deux campagnes et que les
Français, sauvés et glorifiés, jouiraient en paix de leur
Révolution. Il y en eut, en 1792, qui, déclarant ne
s'être engagés que pour une campagne, s'en retournè-
rent chez eux, voyant le territoire délivré et la France
débordant ses anciennes frontières (2). L'immense
majorité demeura et, très vite, on y contraignit les
volontaires qui prenaient leur nom trop à la lettre. Puis,
le péril revint et, après le péril conjuré, la conquête. Le
second débordement en Belgique, en Hollande, sur le
Rhin, après Fleurus, ne fut considéré que comme la

---

(1) Stendhal. *Vie de Napoléon.*
(2) *L'Europe et la Révolution française*, t. IV, p. 150 et suiv. :
Les pays conquis, an III.

continuation de la campagne de délivrance et la condition nécessaire de la paix, qui semblait imminente.

Dommartin écrivait à sa mère :

« J'irai vous voir l'hiver prochain, et qui sait ? peut-être avant, car on a dit la paix sur le point de se faire et déjà conclue avec l'Espagne. »

« Je veux vous dire aussi qu'on m'a écrit pour me proposer un mariage ; mais, soyez sans crainte, je ne m'engagerai jamais à donner à ma femme, si je dois en avoir une, d'autre habitation que la nôtre. Mon parti est pris à cet égard et je veux vivre où mes pères ont vécu, respirer l'air qu'ils ont respiré... (1) »

Il devait mourir en Égypte.

Murat écrivait à son père :

« 10 novembre 1792. — Mon sort paraît bien changé en bonté... Je suis lieutenant, et, si le colonel est nommé général, comme il n'y a pas de doute, je suis son aide de camp et capitaine. A mon âge, avec mon courage et mes talents militaires, je puis aller un peu plus loin. Dieu veuille que je ne sois pas frustré dans mon attente... Ne m'oubliez pas auprès de mes concitoyens. Dites-leur que c'est leur intérêt que je défends, que c'est notre cause commune que je sers..., que je désire bien sincèrement l'instant où, ayant contribué à mettre le comble à la félicité de tous, je pourrai revenir parmi eux jouir avec eux des fruits de notre heureuse révolution et oublier dans leurs embrassements les peines et les périls de la guerre... »

Il devait finir roi de Naples, fusillé sur une plage d'Italie !

_____

(1) 9 avril 1795, 14 août 1794.

Ne voulant que du bien aux peuples voisins, ne voyant dans la conquête des « limites naturelles » qu'une consécration de l'œuvre de la nature et de l'œuvre de l'histoire, s'estimant décidés à ne pas abuser de la victoire, ces soldats républicains n'imaginaient ni que les peuples se montreraient récalcitrants, ni que les gouvernements étrangers demeureraient jaloux, hostiles, et ne consentiraient jamais de bonne foi à reconnaître à la France cette magnifique extension.

Cet état d'esprit a été très bien compris par Ségur, qui a connu de près les survivants de cette époque et en a, en 1800, à l'armée du Rhin, recueilli la tradition encore vivante (1) :

« On y pouvait distinguer encore quelques-uns de ces *spartiates du Rhin*, comme on les appelait alors ; volontaires des premières années de la République, martyrs de la liberté et de l'indépendance nationale, à laquelle ils s'étaient sacrifiés avec un dévouement pur de toute ambition personnelle et de fortune, et d'avancement et même de gloire. On les avait cent fois vus, après avoir surmonté tous les périls, refuser les grades les plus élevés, se les rejeter de l'un à l'autre, et, fiers de leur rigidité républicaine, marcher nus, affamés, souffrant de toutes les privations les plus cruelles, et, vainqueurs enfin, demeurer pauvres au milieu de tous les biens qu'offre la victoire ; *guerre héroïque, toute citoyenne*, et bien loin alors d'être un métier ; où ces hommes d'élite, soldats, officiers, généraux, guerriers par patriotisme et non par état, n'avaient songé, en se prodiguant tout entiers pour assurer le salut public, *qu'à rentrer ensuite, pauvres et simples citoyens, dans leurs foyers.* »

Combien y revinrent ? Cependant l'âme demeure la

---

(1) Ségur. *Mémoires*, t. II, 1800. — Armée des Grisons.

même, et l'éternelle chimère de la fin de la Révolution, de la paix magnifique les accompagnera longtemps. L'homme qui les connut le mieux, les fascina le plus, tira d'eux le plus de prodiges, Napoléon, disait dans la nuit qui précéda Austerlitz, causant avec Junot et Mouton (1) :

« Je connais les Français ; ils ne se croient bien qu'où ils ne sont pas. Avec eux, les longues expéditions ne sont point faciles. Et tenez, rassemblez aujourd'hui les voix de l'armée : vous les entendrez toutes invoquer la France. Tels sont les Français ! c'est leur caractère. La France est trop belle ; ils n'aiment point à s'en éloigner autant et à rester si longtemps séparés d'elle ! »

« A quoi Junot, ayant objecté des témoignages d'ardeur qu'on voyait éclater dans tous les rangs, le général Mouton, de sa voix austère, l'interrompit rudement par ces mots : « Que « ces acclamations prouvaient le contraire ; qu'il ne fallait « pas s'y tromper ; que l'armée était fatiguée ; qu'elle en avait « assez ; que si on voulait l'entraîner plus loin elle obéirait, « mais à contre-cœur ; qu'enfin elle ne montrait tant d'ardeur « la veille de la bataille que dans l'espoir d'en finir le lende- « main et de s'en retourner chez elle. »

« L'Empereur, à qui ces paroles si loyales plaisaient peu sans doute, leur donna pourtant raison ; mais il rompit l'en- tretien et, se levant aussitôt : « En attendant, ajouta-t-il, « allons nous battre. »

Et ils y allèrent encore. Et ils y étaient allés depuis Valmy, suivant la pente de toute l'histoire de France ; confondant gloire, humanité, patrie, indépendance de la patrie française, conquête de patries étrangères,

---

(1) Ségur. *Mémoires*, t. II, p. 459.

révolution, affranchissement, suprématie ; professant
que tout ce qui est conquis à la France est conquis à
la vertu et à l'humanité ; appliquant naïvement à la
Révolution, religion nouvelle, à la République, cité
où cette religion était professée, cette foi, cette vocation d'en haut dont leurs pères se jugeaient animés
par Dieu même. « Dieu, dit Bossuet, montrait dès lors
(Clovis vainqueur), par des signes manifestes, ce que
les siècles suivants ont confirmé, qu'il voulait que les
conquêtes des Français étendissent celles de l'É-
glise » (1).

Et ils passèrent ainsi, d'étape en étape, sans s'en
apercevoir, de la guerre de libération à la guerre d'invasion, de la défense à la conquête, de la guerre sacrée à la guerre profane, de la guerre désintéressée à
la guerre profitable, remontant de Jeanne d'Arc, qui
chassa les Anglais, à Charlemagne, qui conquit les
Saxons, soumit les Italiens, domina les Espagnols, se
fit empereur d'Occident ; et, partis en compagnons de
Vercingétorix, ils finirent en vétérans de César, conquérant des Gaules.

Il faut s'arrêter ici. L'histoire tourne. C'est le lieu
où les eaux se partagent et où l'on va d'un versant
à l'autre. L'aurore passe ; elle est courte. Les temps
d'exaltation durent peu. Les choses ont leurs conditions et leurs conséquences. La guerre de défense nationale, sur le sol national, au milieu de populations
pour lesquelles on combat, que l'on ménage, que l'on
aime, dont on est aimé, qui se sacrifient elles-mêmes

---

(1) Sermon sur l'*Unité de l'Église*.

pour le soldat qui les sauve, ne ressemble en rien à la guerre de conquête, sur territoire étranger, presque toujours sur territoire ennemi.

Dans la guerre de défense nationale, l'armée ne s'occupait pas du gouvernement intérieur : elle allait — disions-nous — au plus pressé : chasser l'ennemi. Avec la conquête, tous les sentiments se déplacèrent et les perspectives furent changées. Il faut nourrir la guerre; et l'habitant qui ne l'a pas souhaitée, qui en souffre, qui la déteste, ne se soumet qu'à la force : il faut le contraindre. On est pour lui l'ennemi, on est l'*étranger*. L'habitant, spolié dans ses biens, menacé dans sa sécurité, froissé dans ses croyances, irrité dans son patriotisme, se révolte : il faut le soumettre. Il faut assurer, après la vie, la sécurité de l'armée. La conquête a ses nécessités impérieuses, rigoureuses, d'autant plus impérieuses et rigoureuses que la guerre s'enfonce plus avant en territoire étranger; que l'on s'avance au milieu de pays où la langue, les mœurs, les croyances, les traditions sont plus différentes; que l'on franchit la Meuse, le Rhin, les Alpes ; que l'on passe en Hollande, en Allemagne, en Italie. Ajoutez les abus, les exactions, les malversations, les concussions, qui ne sont pas inévitables, mais qui ne furent alors nullement évitées, qui furent très dures dès 1795 et allèrent sans cesse croissant sous le Directoire.

On fait, à tort, dater cette ère de la proclamation fameuse de Bonaparte en 1796. C'est une erreur. Bonaparte n'a fait que définir un état de choses qui existait déjà, par le fait de la conquête commencée, et qui s'est sans cesse aggravé, étendu avec la conquête. Cet état de choses tenait uniquement au caractère de la conquête, laquelle fut plus onéreuse aux peuples en

12.

Hollande que sur le Rhin, parce que les peuples étaient plus riches ; qui fut plus rigoureuse en Italie que dans les pays allemands, parce que les peuples, plus fanatiques, y étaient plus disposés à la révolte.

La guerre devient donc moins humaine ; elle perd ce caractère unique que la guerre sacrée de 1792-1794, de Valmy à Fleurus, avait révélé ; elle tend à devenir une guerre comme les autres. Sans doute, il reste, en 1796-1798, de l'esprit primitif, du caractère français, de la première croisade républicaine, quelque chose d'humain qui adoucit la conquête ; mais ce quelque chose-là disparaît promptement avec la dureté inévitable de la guerre de conquête, avec la résistance acharnée des peuples, avec la nécessité des répressions. Le soldat républicain n'a pas enlevé la flotte hollandaise du même élan et du même cœur qu'il enlevait, en 1793, les lignes de Wissembourg. Il ne peut mener la guerre des Abruzzes comme celle du Rhin ; entrer à Naples, dans la ville fumante et ensanglantée, défendue par le peuple en armes, comme il était entré à Milan, en 1796, au milieu des acclamations, en triomphateur et en libérateur.

Avec la victoire et la conquête, l'esprit de magnificence, l'ambition se réveillent ; avec les tentations, l'avidité, le désir de faire fortune (1). Les généraux restent républicains ; mais ils s'attachent à leurs troupes ; des liens se forment par des épreuves communes. Ce sont des héros ; les soldats les admirent pour cet héroïsme et s'attachent à leur personne ; les chefs eux-mêmes s'attachent à leur propre gloire.

_____

(1) Voir Ségur, t. II, 1798.

L'esprit militaire remplace peu à peu l'esprit civique dans les troupes plus rompues à la guerre. L'esprit de profession, de carrière s'insinue et pénètre. Puisque la guerre se continue, il faut qu'elle récompense la guerre.

L'armée, enfin, prend conscience de son importance dans l'État. Elle ne se borne plus à défendre la patrie, elle glorifie la République; elle fait plus : par les contributions, elle nourrit l'État. Elle commence à se demander où on la mène, qui la mène, ce qu'on fait de ses conquêtes ; *elle regarde en arrière*, vers Paris, vers le gouvernement. C'est l'erreur de ce gouvernement — le Directoire — de se figurer qu'il peut conserver aux armées républicaines, dans des opérations de conquête, d'envahissement, de lucre même (Suisse, 1798), l'enthousiasme et le désintéressement de la défense nationale.

C'est une erreur plus grave des gouvernements d'alors de croire qu'ils peuvent conserver aux armées l'esprit de discipline civique, en les appelant à intervenir dans les affaires intérieures de la République, en les invitant à se faire, par leur force organisée, les arbitres de l'État. On les y appelle, en prairial an III, contre la populace insurgée de Paris, pour défendre la Convention ; on les y appelle, en vendémiaire an IV, pour faire prévaloir des intérêts tout politiques et la suprématie d'un parti ; on les y appelle, en fructidor an V, pour opérer un coup d'État. Suivons la progression des choses et celle des hommes : en 1795, *prairial*, on voit arriver Murat, colonel de cavalerie, avec ses hussards ; en *vendémiaire*, Bonaparte, qui devient commandant en chef de l'armée de l'intérieur ; en *fructidor*, Bonaparte et Hoche sont conviés à faire l'opération :

Hoche est joué, Bonaparte ne veut point l'être; tous les deux animent et soutiennent le Directoire, Augereau fait le coup d'État.

Pour mesurer la distance, comparons l'esprit de la troupe en 1795, l'esprit de l'état-major de Bonaparte, de Hoche en 1797 (1), et l'ancien esprit, représenté par Jourdan, 1795 (2).

« 7 prairial, an III. — Il faut que l'armée agisse, dans cette circonstance, comme elle a agi toutes les fois que de pareils événements ont eu lieu ; c'est-à-dire que, étant placée sur la frontière pour combattre les ennemis du dehors, elle ne s'occupe point de ce qui se passe dans l'intérieur et qu'elle ait la confiance de croire que les bons citoyens, qui y sont, parviendront à faire taire les royalistes et les anarchistes. Nous avons juré de vivre libres et républicains et nous maintiendrons notre serment ou nous mourrons les armes à la main. Nous avons juré de combattre les ennemis du dehors tant que la paix ne sera pas faite. Nous tiendrons pareillement notre serment... »

Les armées alors, en 1797, sont encore très républi-

---

(1) Voir *Bonaparte et Hoche*, p. 158, 378, les adresses de l'armée d'Italie et les toasts de l'armée de Sambre-et-Meuse en 1797.

(2) Lettre de Jourdan au général Hatry, 7 prairial an III. La 127ᵉ demi-brigade de l'armée de Sambre-et-Meuse avait adressé, à la suite de l'émeute du 1ᵉʳ prairial (20 mai 1795), à la Convention, une adresse où on lisait :

« ... Quoi !... le reste inique des complices de la Terreur va de nouveau provoquer au pillage, à l'assassinat, au mépris de l'humanité, à la violation des droits du peuple...

« S'il fallait que des colonnes s'ébranlassent des armées victorieuses pour aller défendre la Convention nationale, parlez, législateurs, nous volons autour de vous ; les factieux ne parviendront jusqu'à vous qu'en marchant sur nos cadavres ! »

caines ; mais la conception qu'elles se font de la République a changé comme la conception qu'elles se font
de la guerre : elle a changé comme la République
même : civique, défensive, libératrice, désintéressée en
1792, conquérante, ambitieuse, dominatrice, fiscale,
en 1793-1797. Le Directoire a lié les destinées de la
République à la conquête ; par suite, les armées qui
ont fait la conquête tendent à gouverner la République. La pensée qui domine les armées est toujours
celle qui domine la nation : finir la guerre, finir la
Révolution, jouir des réformes dans la France glorieuse, puissante, prospère. Mais cette aspiration, qui
est demeurée constante chez les Français, a changé
de caractère sans qu'ils s'en aperçussent, et ce changement s'est introduit dans les armées.

Nous distinguons ainsi deux époques qui s'en-
chaînent l'une à l'autre par des liens imperceptibles
et qui sont, dans leur ensemble, fort diverses cependant :

1º Guerre toute citoyenne, guerre de délivrance
pour la France, illusion d'affranchissement des peuples vaincus, qui voile, qui adoucit la conquête ; cette
période finit en 1795, sur le Rhin : Marceau en a été
la personnification la plus pure ;

2º La guerre conquérante, fiscale, guerre de suprématie, encore qu'elle apporte des libertés civiles aux
peuples et fonde des républiques ; elle se manifeste
avec l'expédition de Hollande, 1794-1795, et Pichegru ; elle se continue en 1796-1797 ; elle demeure toute
républicaine avec Hoche, Moreau, mais elle est très
militaire ; — elle devient vite et de plus en plus romaine et césarienne avec Bonaparte.

Championnet et son expédition de Naples ne sont

qu'un réveil momentané de l'esprit de 1792, la plus belle aventure de la chanson de geste républicaine, mais une aventure isolée, sans lendemain. Championnet est rappelé par le Directoire; son œuvre est brisée; l'aventure sombre dans la fiscalité.

Aux armées nationales, civiques, magnanimes et fières, succèdent des armées toujours profondément nationales, mais surtout fières. L'esprit guerrier a succédé à l'esprit de pur patriotisme, à la croisade; mais c'est toujours l'esprit français qui, s'il a enfanté saint Louis, Jeanne d'Arc, Henri IV, a fait Charlemagne et Louis XIV.

L'armée n'obéit plus à une vocation quasi-mystique, elle obéit à la vocation guerrière; pour la masse, le recrutement l'y oblige; pour beaucoup, l'armée devient une profession glorieuse, qui procure grades, honneurs, déjà même fortune, à une jeunesse qui ne voit pas d'autre carrière, à laquelle les temps ont donné le goût des aventures, dans laquelle se sont développés la force physique, l'énergie morale, l'ambition, l'orgueil de vivre, en même temps que le dédain de la vie, aisément sacrifiée au grand jeu de la gloire.

Représentons-nous comme au début, et par des exemples, les sentiments de cette armée.

Voici les survivants de l'époque héroïque, ceux qu'on appelle les Spartiates du Rhin; relevons les impressions d'un jeune officier qui arrive à l'état-major de Macdonald, en 1800. Ce sont des opposants au gouvernement de Bonaparte :

« Il y avait dans cet esprit d'opposition, en outre d'une rivalité ambitieuse, un fond de républicanisme sincère : reflet déjà

bien pâli, empreinte déjà presque effacée, il est vrai, des mœurs
naguère si fières et si patriotiques de cette armée. »

« Déjà même en 1800, époque où j'y arrivais, il restait peu
de ces hommes primitifs si exclusivement patriotes et si purs
de tout intérêt privé ; on les reconnaissait à la simplicité de
leurs vêtements et de leur manière d'être et de vivre, à l'indépendante et austère gravité de leur attitude, comme aussi à un
certain air de surprise hautaine, amère et dédaigneuse, à la
vue d'un luxe naissant et de toutes ces passions ambitieuses
qui se substituaient au dévouement si naïf et si désintéressé
des premiers élans républicains. »

C'est même une aristocratie nouvelle qui se forme :

« Ma bonne fortune voulut que, le jour même de cette réu-
nion, un régiment passât dans cette ville. Le général Dumas
m'y retint, me présenta aux deux généraux en chef et me fit
inviter par Moreau au dîner qu'il donna à Macdonald : repas
splendide, de cinquante couverts, aux sons d'une musique
martiale ; repas de vainqueurs, servi par les vaincus, aux frais
de l'ennemi, dans un palais, notre conquête ; et pour convives
les plus célèbres généraux du temps, alors tout brillants d'ardeur et de jeunesse, tout resplendissants d'or et de gloire ! Je
n'avais jamais rien vu de pareil ; j'en fus ébloui ; je commençai
à comprendre que, aux illustres souvenirs de notre ancienne
aristocratie, d'autres célébrités, d'autres souvenirs désormais
ineffaçables succédaient, qu'on allait dater d'une autre ère fortement empreinte, et qu'il y avait déjà les bases profondes
d'une société nouvelle (1). »

Il sortira de là des ducs, des comtes, des pairs de
France ! Voyons ce qui attire désormais la jeunesse et
comme elle entre dans l'armée. Voici un conscrit, Coi-

---

(1) Ségur. *Mémoires*, t. II. — Armée des Grisons.

gnet (1), paysan comme Fricasse. Il est domestique
chez un marchand de chevaux ; il accompagne son
maître, qui vend des chevaux à l'armée. L'affaire va
bien. En revenant, Coignet dit à son maître : « Si
jamais je suis soldat, je ferai mon possible pour être
dans les hussards, ils sont trop beaux. » Il est conscrit dans l'été de 1799, à Fontainebleau.

« Le dimanche c'était le « décadi » pour tout le bataillon.
Il fallait chanter la victoire et les officiers brandissaient leurs
sabres ; l'église en retentissait et puis on criait : Vive la République ! tous les soirs autour de l'arbre de la Liberté, qui était
dans la belle rue ; il fallait chanter : « les aristocrates à la lan-
« terne ! » Comme c'était amusant.

« Cette vie dura à peu près deux mois, lorsque la nouvelle
circula dans les journaux que le général Bonaparte était dé-
barqué, qu'il venait à Paris et que c'était un grand général.
Nos officiers en devenaient fous, parce que le chef de bataillon
le connaissait, et ce fut une grande joie dans le bataillon. On
nous passait des revues de propreté... Toute la journée sous
les armes ! Nos officiers nous colletaient, ajustaient nos habil-
lements ; ils se mettaient en quatre pour que rien n'y man-
quât.

« Enfin, il nous arrive un courrier que Bonaparte passerait
par Fontainebleau, et qu'il devait passer la nuit. On nous mit
sous les armes toute la journée et rien ne venait. On ne voulait
pas nous donner le temps de manger. Bonaparte n'arriva qu'à
minuit...

« Dans la Grand'Rue de Fontainebleau, où il mit pied à
terre, il fut enchanté de voir un si joli bataillon ; il fit venir
les officiers autour de lui et leur donna l'ordre de partir le lendemain pour Courbevoie. Il remonta dans sa voiture et nous
de crier : « Vive Bonaparte ! »

---

(1) *Les cahiers du capitaine Coignet*, 1883.

Voici maintenant un jeune gentilhomme (1) :

« C'était à l'heure même où, dans les Tuileries, Napoléon, appelé par le Conseil des Anciens, commençait la révolution du 18 Brumaire et haranguait la garnison de Paris pour s'assurer d'elle contre le Directoire et l'autre Conseil. La grille du jardin m'arrêta ; je me collai contre elle ; je plongeai d'avides regards sur cette scène mémorable. Puis, je courus autour de l'enceinte ; j'essayai toutes les entrées ; enfin, parvenu à la grille du Pont-Tournant, je la vis s'ouvrir. Un régiment de dragons en sortit ; c'était le neuvième. Ces dragons marchaient vers Saint-Cloud, les manteaux roulés, le casque en tête, le sabre en main et, dans cette exaltation guerrière, avec cet air fier et déterminé qu'ont les soldats lorsqu'ils vont à l'ennemi, décidés à vaincre ou à périr ! A cet aspect martial, le sang guerrier que j'avais reçu de mes pères bouillonna dans toutes mes veines : dès ce moment je fus soldat ; je ne rêvais que combats et je méprisai toute autre carrière. »

Le contraste entre ces souvenirs, ceux de Fricasse, de Dommartin, de Lavalette, montre à quel point les temps sont changés. Il montre comment l'armée consulaire sort de l'armée républicaine. Elle en sort, comme le Consulat sortit de la République. L'armée de défense nationale de 1792 a disparu avec les nécessités de la guerre d'indépendance, 1794 ; l'armée de croisade, d'affranchissement, s'est montrée un moment en 1792, sur le Rhin, en Belgique ; elle a reparu un instant encore, en 1795, sur le Rhin, avec Moreau et Hoche, et jeté sa dernière flamme avec Championnet, en 1798 : elle était déjà un anachronisme. L'armée qui succède est celle qui, de Lodi, Marengo, Hohenlin-

---

(1) Ségur. *Mémoires*, t. I, 18 Brumaire.

den, ira à Austerlitz, Iéna, Wagram. Ce n'est plus l'armée républicaine, c'est la *Grande Armée*. C'est une
grande chose, mais c'est une autre chose. L'épopée
classique, après la chanson de geste.

Si vous voulez évoquer la grande époque de la
République, en ressusciter l'âme en votre âme et la
transporter en nos temps, répétez-vous ce couplet, le
plus pénétrant de notre hymne national, le couplet des
jeunes guerriers, *votre* couplet :

> Nous entrerons dans la carrière
> Quand nos aînés ne seront plus,
> Nous y trouverons leur poussière
> Et la trace de leurs vertus.....

vertus civiques, vertus guerrières. C'est la grande
leçon, le premier et le dernier mot de cette histoire.

L'ARMÉE DU PREMIER EMPIRE

DANS

SES RAPPORTS AVEC LA SOCIÉTÉ CIVILE

Par M. Albert VANDAL

DE L'ACADÉMIE FRANÇAISE

L'ARMÉE DU PREMIER EMPIRE

DANS

SES RAPPORTS AVEC LA SOCIÉTÉ CIVILE

———

Nous n'avons pas à vous exposer les campagnes de la Grande Armée, ses qualités techniques, ses pérégrinations à travers l'Europe, les péripéties de cette Iliade qui fut en même temps une Odyssée ; nous avons à montrer de quels éléments sociaux se composait l'armée impériale, à indiquer l'influence réciproque des éléments militaire et civil l'un sur l'autre, les liens par lesquels l'armée tenait à la nation, comment elle se rattachait à la France de son temps et aussi à la France de tous les temps.

———

Après le dix-huit Brumaire, quand Napoléon s'empara progressivement de la dictature, la France à l'intérieur était en ruines. L'ancienne organisation, l'ancienne foi monarchique s'étaient écroulées ; l'esprit révolutionnaire, qui avait suscité de sublimes élans et de monstrueux forfaits, n'avait rien créé de consistant et de définitif ; d'ailleurs, cet esprit s'affaiblissait rapidement. Dans ce naufrage de toutes les institutions et

de toutes les croyances, des abîmes d'immoralité
s'étaient ouverts : ce n'étaient partout que hontes, bas-
sesses, vilenies : à l'âge de fer succédait l'âge de
boue. Mais autour de cette France en décomposi-
tion, autour de ses frontières, courait et se prolongeait
comme une frange d'héroïsme : c'était l'armée —
l'ensemble de ces armées qui avaient sauvé, en 1792-93,
l'indépendance nationale, et qui avaient envahi ensuite
et révolutionné toute une partie de l'Europe. Sans
doute, depuis qu'à la guerre de défense nationale et
ensuite de propagande révolutionnaire avait succédé
la guerre de conquête et trop souvent de rapine, l'armée n'avait pas échappé à la corruption ambiante:
néammoins, elle restait la force, l'énergie, la virilité
de la nation.

Vous savez de quel triple élément s'étaient composées, au début, les armées révolutionnaires : 1º les
restes de l'armée royale, conservée dans son fonds et
sa substance ; 2º les volontaires; 3º les *réquisition-
naires*, les hommes recrutés d'autorité, réquisitionnés
successivement depuis la grande levée en masse de
1793. En 1798, la loi de la *conscription*, votée sur l'initiative de Jourdan, avait régularisé le système des
levées. Tout Français doit le service militaire de 20 à
25 ans : les hommes sont divisés en classes correspon-
dant aux années : l'État a toujours le droit de lever
une ou plusieurs classes en totalité. Bonaparte paraît
d'abord mitiger le système de la conscription, en y in-
troduisant, dès 1800, la *faculté de remplacement*, puis,
en 1804, le *tirage au sort ;* on ne devait plus prendre
une classe entière, mais seulement la portion dési-
gnée par le sort. Mais Napoléon, entraîné par les fata-
lités et aussi par les fautes et les frénésies de sa poli-

tique, en viendra bientôt à faire du système de la conscription un effroyable abus. Non seulement il appellera
des classes entières, mais il anticipera sur les classes à
venir, jettera en pâture à la guerre de tout jeunes
gens, des adolescents, des enfants; il rappellera les
hommes des classes libérées et fera de la conscription
la grande faucheuse des générations successives. On a
donné le chiffre de 3,153,000 Français appelés au service pendant son règne.

Toutefois, au point de vue spécial qui nous occupe, le système de la conscription a pour résultat
un apport, un afflux continuels d'éléments nouveaux
dans l'armée. En même temps, comme Napoléon, en
vertu de lois complaisantes, peut garder les hommes
sous les drapeaux tant que durera la guerre, et
que, sous son règne, la guerre dure toujours, les
vieux soldats restent, sans parler des officiers ;
les vieux, c'est-à-dire l'armature solide et résistante
qui encadre et soutient l'organisme. Il n'y en a pas
moins rajeunissement, renouvellement continuel de
l'armée par contact avec la nation et surtout, comme
le remplacement fonctionne toujours, par contact avec
les classes populaires, avec les masses urbaines et
rurales.

Pour les officiers, un autre mode de recrutement est
à signaler. Après Brumaire, Bonaparte permet le
retour des émigrés, qui composent la grande majorité
de la classe nobiliaire. Il veut toutefois les rattacher,
les enchaîner à l'ordre nouveau, et l'un des moyens
qu'il emploie est d'ouvrir à leurs fils la carrière des
armes, de les y pousser, de les y précipiter, afin qu'ils
viennent s'y fondre et s'y amalgamer avec les éléments
révolutionnaires, avec les héros plébéiens : avec ces

deux France ennemies, violemment disjointes, il veut recomposer la France.

Beaucoup de jeunes gens de famille répondent à son appel ou le devancent. C'est ainsi que le jeune comte de Ségur sent se réveiller en lui la vocation héréditaire, se sent soldat rien qu'au contact d'un beau régiment qui passe. On forme avec ces jeunes gens un corps spécial, *les hussards de Bonaparte*, qui sont ensuite versés dans les régiments et avancent rapidement. Ainsi les états-majors se peuplent d'éléments d'ancien régime. Plus tard, outrant son système, Napoléon fera succéder à l'enrôlement volontaire l'enrôlement forcé. En 1808, le ministre de la police sera chargé de dresser, par département, une liste de 10 familles « anciennes et riches », de 50 pour Paris, dont les fils seront placés d'autorité à Saint-Cyr. On fera la presse des jeunes nobles, comme naguère la presse des matelots. Néanmoins, dans son principe, la conception de l'Empereur était juste et belle, puisqu'elle consistait à réunir sous le drapeau toutes les forces et tous les enfants de la France, à faire de l'armée l'école de la réconciliation nationale.

Mais les jeunes nobles ne vont-ils pas apporter dans l'armée leurs convictions, leurs passions royalistes ? En fait, ces convictions se réduisirent très vite à des souvenirs platoniques, et les nouveaux venus servirent la France consulaire et impériale avec un dévouement à toute épreuve. Seulement, chez quelques-uns, la transition fut marquée par un phénomène particulier. Attachons-nous toujours au cas du jeune Ségur, pris comme type à raison de sa vive intelligence, de sa portée d'esprit. Il est entré dans l'armée par amour de l'armée, mais aussi avec l'arrière-pensée de la *roya-*

liser. Il tente d'abord dans ce but quelques efforts un peu puérils ; puis, la grâce révolutionnaire le touche ; au contact d'égaux et de supérieurs aimés et estimés, il subit leur ascendant, embrasse leurs doctrines. Venu pour *royaliser* l'armée, c'est l'armée qui le *républicanise,* car — le fait est à remarquer — il ne va pas droit au napoléonisme, à l'impérialisme, il passe par une période de convictions républicaines.

C'est qu'en effet l'armée restait alors beaucoup plus fidèle que la nation aux idées, aux principes révolutionnaires, aux formes et aux mœurs républicaines. Les soldats, il est vrai, avaient porté en Brumaire le coup décisif, mais n'allez pas croire que les grenadiers qui jetèrent les Cinq-Cents hors de l'Orangerie de Saint-Cloud aient décerné consciemment la dictature à Bonaparte. Ils ne crurent pas briser et dissoudre la représentation nationale, mais seulement l'épurer, la libérer d'une poignée de factieux qui l'opprimait : ils crurent accomplir une opération de police parlementaire beaucoup plus qu'un renversement de la constitution, et cela pour le plus grand bien de la République. Cette besogne faite, ils rentrèrent à Paris leur conscience de républicains à l'aise, en chantant les airs les plus révolutionnaires, y compris le *Ça ira.*

Dans les années suivantes, pendant toute la durée du Consulat, Bonaparte rencontra dans l'armée ses plus dangereux adversaires, adversaires de sa personne, adversaires de son œuvre de reconstitution politique, sociale et religieuse. L'opposition se concentre surtout dans l'armée d'Allemagne, qui n'a pas servi, comme celle d'Italie, sous Bonaparte, qui ne l'a pas vu à l'œuvre, qui n'a pas été l'objet de sa prédilection, qui n'a pas subi sa prise personnelle et

13.

directe, et dont les dieux ont été Hoche, Kléber, Marceau, Jourdan, Moreau. Lorsque cette armée reflue
à l'intérieur après la paix de Lunéville, elle devient
un foyer d'intrigues et de complots. A ce même
moment, dans tous les états-majors, la plupart des
grands chefs sont hostiles, boudeurs, jaloux. Pour
avoir raison de leur résistance, il faut en déporter plusieurs dans des ambassades, Macdonald à Copenhague,
Lannes à Lisbonne, où Lannes brouille les affaires par
dépit et se fait volontairement le plus mauvais ambassadeur possible. Bonaparte finira par exiler à Saint-
Domingue une partie de l'armée d'Allemagne, par
frapper Moreau pour avoir frôlé plutôt que commis le
crime de conspiration.

On ne peut donc dire en somme que l'armée ait
imposé son chef à la nation. On pourrait presque
dire le contraire, dire que la nation imposa Bonaparte à l'armée, à toute une partie de l'armée du
moins, parce qu'à cette France affamée de stabi-
lité, de gloire et de repos, Bonaparte donnait alors
la sécurité à l'intérieur, au dehors la réalité de la
gloire et l'illusion de la paix. Il faut ajouter que
même sous l'Empire, pendant les années les plus res-
plendissantes de succès et de bonheur, il reste dans
l'armée des milieux et comme des coins d'opposition :
on y retrouve des affiliations mystérieuses, des
ébauches de complots, et après le premier ébranle-
ment du colosse, ce sera un soldat révolté, Mallet, qui
avant tout autre l'attaquera ouvertement dans sa base,
au siège de sa puissance, et fera cette chose extraordinaire pour 1812 de supprimer pendant toute une
matinée l'Empire dans Paris.

N'attachons pas toutefois à ces restes d'opposition

militaire plus d'importance qu'il ne convient. Il est hors de doute qu'à partir de la fin du Consulat, des débuts de l'Empire, l'armée dans sa presque unanimité est acquise à Napoléon. Elle s'est ralliée à lui parce qu'elle a enfin senti la grandeur et le bienfait de son œuvre, parce qu'elle subit le prestige du génie et de la toute-puissance, la fascination de l'invincible enchanteur. Elle va le servir désormais avec un attachement sans exemple et lui vouer un culte.

Doit-on en conclure que l'armée appartient désormais uniquement à Napoléon, qu'elle n'aime et ne voit que lui, qu'elle se dépouille de ses traits caractéristiques de la veille pour se laisser marquer exclusivement à l'empreinte et à l'effigie césariennes? Ce serait, à notre avis, une grande erreur, et nous croyons pouvoir vous montrer que l'armée, à ce moment même, conserve sa pleine individualité; qu'elle reste encore plus nationale qu'impériale; qu'elle reste essentiellement et superlativement française. Napoléon la trouve plutôt qu'il ne la crée; il ne la crée pas de toutes pièces à son image et à sa ressemblance. Quel est donc son rôle vis-à-vis d'elle? C'est surtout un rôle d'excitateur et de stimulateur. Napoléon rencontre chez ses soldats toutes les qualités françaises et certains aussi de nos défauts, qualités et défauts déjà exaltés par dix années de luttes et d'épreuves. Alors, avec ses dons incomparables de manieur d'hommes, il pousse ces qualités et ces défauts à leur dernière puissance, à leur paroxysme, à un degré inouï et presque surhumain; c'est ainsi que nous retrouvons dans son armée toutes les notes de la gamme française, transposées en quelque sorte sur le mode épique.

D'abord, avec son infaillibilité de coup d'œil, il

discerne le mobile dominant auquel l'armée est alors
susceptible d'obéir. Quel est donc ce mobile, parmi
tous ceux qui poussent l'homme au mépris de la mort
et l'élèvent au-dessus de lui-même? Ce n'est pas le sentiment religieux, qui a fait, qui fera toujours d'admirables armées, qui entraînait naguère des millions de
croisés à la conquête du Saint-Sépulcre et qui domine
la grande épopée du moyen âge. Ce n'est pas, disons-
nous, le sentiment religieux. Non que nos armées de
la Révolution et de l'Empire fussent exclusivement
composées d'incroyants, alors même que l'athéisme
était religion d'État. En 1797, un bon curé autrichien,
se trouvant en contact avec nos soldats envahisseurs
de son pays, constate avec étonnement dans ses *Souvenirs* que beaucoup de ces prétendus impies portent
sur eux des médailles, des chapelets, des emblèmes
catholiques, attestant un fonds irréductible de nos
vieilles et nationales croyances. Néanmoins, il est
clair que ce n'est pas la foi, la ferveur religieuse, qui,
sous l'Empire, animent nos armées. Ce n'est pas non
plus le dévouement à un principe, à un idéal politique;
le zèle, la passion révolutionnaire vont chaque jour
s'affaissant et déclinant. — Qu'est-ce donc? C'est ce
qu'un officier de la Grande Armée appelle « le premier
mobile des Français »; c'est le sentiment de l'honneur, que l'on a dit justement s'être réfugié dans les
camps lors de la Révolution; l'honneur, qui nous fait
tout braver, y compris la mort, plutôt que de subir
une diminution morale vis-à-vis de nous-même et des
autres; ce sentiment sublime et raffiné, cette fleur
superbe et délicate, qui meurt d'être touchée.

Depuis longtemps, sans doute, notre armée vivait
imprégnée de cette force; mais il est certain qu'au

début du siècle, il y avait chez nos troupes, surexci-
tées et enfiévrées par la grande crise, une exas-
pération suraiguë et comme une hyperesthésie du sens
de l'honneur. On s'en aperçoit à tout : officiers et
soldats sont d'humeur chatouilleuse, friands de la
lame, prompts à dégainer. Entre camarades intimes,
on se bat à tout propos, pour un mot mal interprété,
pour un regard de travers. Un gradé ne dédaigne pas
de croiser le fer avec un simple soldat, au mépris de
la discipline. Ces bretteurs rendraient des points aux
cadets de Gascogne de M. Cyrano de Bergerac et à
Cyrano lui-même : ainsi se produisent les mêmes effets
à toutes les époques où il y a chez nous dépense for-
cenée d'activité vitale. Et voilà que ce sentiment de
l'honneur, déjà si développé, Napoléon le surexcite
encore. Il institue véritablement un culte et une religion de l'*honneur*. Lorsqu'il fonde son grand ordre,
destiné à opérer une sélection parmi tous les bons serviteurs du pays, il l'intitule la *Légion d'honneur* : l'é-
toile qu'il met sur la poitrine des élus, c'est la croix
d'honneur, le signe visible et rayonnant de l'honneur!

Pareillement, il stimule toutes les passions qui se
rattachent au sentiment de l'honneur, sans se confondre avec lui : le goût, la fureur de se distinguer,
de briller, de primer sur les autres. Il organise un
concours permanent de hauts faits pour l'obtention des
palmes qu'il distribue, et il parvient ainsi à susciter
parmi les siens une émulation effrénée. Enfin, il
constate chez eux un patriotisme ardent, mais de nature particulière, le patriotisme agressif et conquérant. Ce sentiment-là non plus n'était pas nouveau
chez nous. Notre éducation classique nous y disposait, en nous inculquant la conception romaine

d'une nation d'essence supérieure, prédestinée à commander aux autres ; cette nation, tout donnait à
penser, au commencement du siècle, que ce ne pouvait être que la France, qui semblait avoir hérité en
quelques années de Rome républicaine et de Rome impériale. Comprenant le parti à tirer de cette idée, Napoléon l'érige en dogme. Officiellement, il baptise la
France du nom de *grande nation*, et il arrive à convaincre pleinement ceux qui le suivent que servir et
surtout commander dans les rangs de la grande nation, contribuer à son éclat et à sa splendeur, est le
sort le plus enviable en ce monde.

Sans doute, nos Français ne dédaignent nullement les
profits, les avantages matériels ; et Napoléon, qui sait
par cœur tout l'homme et tout le Français, leur dispense
largement ces avantages. Avec une prodigalité inépuisable, il jette à ses lieutenants argent, titres, pensions,
dotations, apanages, dignités, couronnes; il les comble
et il les gorge ; il finira par allouer à Berthier jusqu'à
354,945 francs de revenu annuel, plus d'un million à
Masséna, 910,000 francs à Davout, 628.000 francs à
Ney et traitera pareillement les autres. Il n'en est pas
moins vrai qu'aux rangs moyens et inférieurs, il propose surtout un idéal immatériel, un pur ravissement
de fierté individuelle et d'orgueil national. Ainsi s'expliquent ces paroles que nous trouvons dans les *Souvenirs et campagnes du commandant Parquin*. En 1810,
Parquin décroche enfin l'épaulette de sous-lieutenant,
après sept années de combats et je ne sais combien de
blessures : son grade est sa seule récompense; mais
ce grade lui est tout, et il écrit : « Ce temps était une
époque d'abnégation : l'ambition était satisfaite quand
on se battait pour faire triompher la patrie de ses

ennemis et pour mériter à la France le titre de grande
nation. En 1810, à peine âgé de 23 ans, j'étais heureux
et fier ; j'étais officier français. »

Prodigieusement fière de sa nationalité, dont toutes
les qualités viriles resplendissent en elle, la Grande
Armée reste aussi très française et issue de la Révolution par son esprit foncièrement égalitaire. Le fait que
quelques-uns de ses membres, partis des rangs les plus
bas, parviennent à une fortune inouïe, que non seulement ils passent maréchaux, mais que, suivant l'expression des grognards, *ils passent rois*, apparaît
comme l'apothéose et la glorification du principe de
l'égalité dans le point de départ. Si, dans d'autres armées, l'esprit aristocratique, la persistance d'une caste
vouée héréditairement au métier des armes et au
commandement constituent une grande cause de force,
il faut reconnaître qu'au début du siècle le système
égalitaire bien compris est l'un des ressorts de la vaillance française. Nos ennemis le proclament. Écoutez
ce passage d'une lettre trouvée sur un officier prussien, tué à Iéna : « S'il ne fallait, écrivait-il, que se
servir de nos bras, nous serions bientôt vainqueurs.
Ils sont petits, chétifs : un seul de nos Allemands en
battrait quatre ; mais ils deviennent, au feu, des êtres
surnaturels. Ils sont emportés par une ardeur inexpri-
mable, dont on ne voit aucune trace dans nos soldats.
Que voulez-vous faire avec des paysans menés au
combat par des nobles dont ils partagent les dangers,
sans jamais partager les passions ni les récompenses? »
Chez les Français au contraire, si le péril est pour
tous, pour tous aussi sont l'honneur et les profits :
c'est ainsi que Napoléon embrase ses Français d'un
feu surhumain en satisfaisant chez eux la passion de

l'égalité, devenue l'une des caractéristiques du tempérament national.

Une autre particularité de race qui rayonne dans la Grande Armée, c'est la gaîté : elle a l'entrain, la fougue, la verve fanfaronne, l'insouciance joyeuse, le diable au corps. C'est une armée de belle humeur que cette armée de héros : il faudra l'hiver du Nord pour glacer leur gaîté. En attendant, regardez-les passer dans les capitales conquises, au cours de leur marche victorieuse et claironnante à travers l'Europe. Ils passent crânes et allègres, bons enfants au fond et le cœur sur la main, mais bruyants et vantards, ayant toujours le bon mot ou le gros mot aux lèvres, se jugeant d'ailleurs irrésistibles à tous points de vue, lançant aux femmes des œillades triomphantes, accrochant le cœur des belles à la pointe de leurs moustaches.

Il y aurait tout un livre, un chapitre du moins, à écrire sur l'histoire amoureuse de la Grande Armée : *la Grande Armée et les femmes*. Nos officiers étaient, en général, de tendres maris, mais à la façon des marins, c'est-à-dire qu'absents pour la plupart du temps, leur retour au foyer conjugal avait toujours la saveur d'un renouveau, et que c'était une succession de lunes de miel que ces ménages intermittents. En campagne, ils n'en courtisaient pas moins tour à tour la blanche Hollandaise, l'Allemande sentimentale et facile, la piquante Italienne et la brune Andalouse ; ils ébauchaient d'innombrables romans qui se précipitaient tout de suite au dénouement et n'avaient point de lendemain ; ils faisaient l'amour comme la guerre, en gens pressés, audacieux, prompts à l'assaut. Et ils racontent tout cela dans leurs *Mémoires* avec une franchise ingénue, avec une jactance naïve, mais sans l'ombre de cynisme; même, ils mêlent au récit des plus vulgaires bonnes fortunes un je ne sais quoi de sentimental, un air de romance, en quoi ils sont bien de leur temps, car le genre *troubadour* fleurissait ou sévissait alors. Ils avaient des attentions qu'ils jugeaient délicates et qui nous stupéfient : ainsi Parquin tenait toujours au fond de sa poche une mèche de ses cheveux roulée en bague, afin de laisser à ses conquêtes d'un jour ce tendre souvenir, soigneusement renouvelé à chaque étape. C'est bien là notre galanterie française, qui mêle à ses gaillardises un grain d'idéal et de poésie : c'est aussi, avouons-le, la fatuité française.

Française aussi à l'extrême, la Grande Armée l'est par sa passion de ce qui brille et reluit, du galon, de la broderie, par ce goût des couleurs voyantes et variées que Michelet signale déjà chez nos vieux ancêtres gaulois. Chez elle, rien ne rappelle l'aspect sévère d'autres armées qui depuis lors ont tenu le premier rang sur la scène militaire, rien ne rappelle les noirs soldats du Nord. Napoléon multiplie pour elle les prestiges de l'uniforme : il le veut beau, chatoyant, divers, haut en couleurs, chargé d'or et d'argent. Et voici s'accumuler toutes les parures et tous les colifichets militaires, pelisses en sautoir, fourrures, dolmans chamarrés de brandebourgs, passementeries, ganses, soutaches, hongroises, tresses, sabretaches; voici l'infinie variété des parements, passe-poils, housses, chabraques, porte-manteaux; voici le dandinement superbe et la houle écarlate des panaches. Même, comme toutes choses en ce temps, l'uniforme est excessif et démesuré : ce ne sont que colbacks et shakos trop lourds, évasés par le haut, bonnets à poil formidables, casques à ondoyante crinière, cimiers romains, bottes de géants, gants de crispin, aigrettes monstrueuses, plumets mirobolants. Il se fit en ce temps une consommation de panaches effrayante. Pendant la seule campagne de Prusse, Murat fit venir de Paris pour 27,000 francs de plumes. Un tambour-major, qui mesurait naturellement $1^m,90$ de haut, s'élevait jusqu'à $2^m,50$ avec le plumage qui surgissait et s'ébouriffait sur sa tête.

Sous ce harnois pesant et incommode, nos hommes n'en conservaient pas moins un esprit d'initiative extraordinaire, toute l'agilité de leur intelligence et de leur allure ; chez eux, la valeur personnelle de l'individu s'accusait en plein relief. Ici, faisons justice de deux assertions que l'on se plaît à répandre et qui ne sont que des contre-vérités nuisibles et déprimantes. C'est d'abord que le Français est naturellement dépourvu d'initiative, qu'il n'est bon qu'à être aligné, stylé, dressé, réglementé ; c'est ensuite que le métier militaire brise et comprime l'initiative individuelle. A ces deux assertions, notre histoire militaire de la Révolution et de l'Empire est là tout entière pour répondre.

Un historien de valeur, M. Chuquet, remarque dans l'un de ses livres que l'une des grandes causes de notre supériorité en ce temps fut l'essor chez nos soldats de l'initiative individuelle, en face des soldats automates de la coalition. C'est la France qui généralise alors l'emploi des tirailleurs, la guerre en ordre dispersé, où chaque homme devient, pour ainsi dire, unité de combat : ce sont les Français qui transforment souvent les batailles en un vaste ensemble de combats singuliers, où ils l'emportent non seulement par leur bravoure, mais par leur spontanéité de mouvements et leur présence d'esprit. Dans toutes les branches de l'activité militaire, même épanouissement exubérant de la personnalité humaine, même habileté à se tirer d'affaire, à se débrouiller, même passion d'entreprendre et d'oser.

Mais comment cette initiative individuelle si développée va-t-elle se concilier avec la discipline, règle indispensable et tutélaire des armées ? Que fut au juste la discipline dans les armées impériales ? Le problème est assez délicat à résoudre. Il est bien évident que sous le rapport de la correction et de la régularité mécanique des mouvements, nos troupes n'égalèrent jamais l'armée-machine qui leur fut opposée à Valmy, à Iéna, et restèrent inférieures aux adversaires qu'elles battirent tant de fois : elles étaient impeccables dans le combat plus qu'à la parade. Il nous semble que la discipline chez elles fut surtout morale, c'est-à-dire que les soldats, remplis d'une confiance passionnée dans leur chef suprême et leurs chefs secondaires, se mettaient spontanément dans leur main au jour du combat et alors agissaient avec un merveilleux ensemble. En dehors des opérations de guerre proprement dites, pendant les marches, les séjours, la discipline tendait à se relâcher et restait à l'état d'équilibre instable : parfois, de terribles exemples ne suffisaient pas à la rétablir.

Vis-à-vis même de l'Empereur, l'armée conservait son franc-parler. On a tout dit sur cette espèce de familiarité qui existait entre ses soldats et lui : on a raconté mille fois comment il se faisait une force de la bonhomie et entrait paternellement dans les moindres détails du service, comment le grand empereur savait devenir au besoin le petit caporal. Mais

voici qui est plus sérieux. Dans la Grande Armée, il
n'y avait pas que d'inlassables sabreurs comme ce
Montbrun qui répondait rageusement, en 1809, à l'officier chargé de lui annoncer au milieu d'un combat
l'armistice de Znaym, prélude de la paix : « Eh !
« qu'est-ce que cela me f..... à moi qui n'aime que
« plaies et bosses. » Au contraire, beaucoup d'officiers
et de soldats avaient encore plus d'élan que d'haleine.
Quand une campagne se prolongeait, ils aspiraient à
revoir le pays, le foyer, et le laissaient clairement
entendre.

A la veille d'Austerlitz, Napoléon constate lui-
même cet état d'esprit et en fait l'aveu devant ses
généraux. Au lendemain d'Eylau, une scène extrême-
ment caractéristique se passe. L'armée était très mé-
contente de cette abominable tuerie, qui n'avait abouti
qu'à une demi-victoire ; Saint-Chamans raconte alors
le fait suivant :

« Un régiment, dont l'aigle avait été ébranlée de
« dessus sa pique triomphale par les balles et la mi-
« traille, l'avait attachée et raffermie avec des crêpes
« noirs ; ce régiment avait aussi perdu son colonel, et
« par ces signes de deuil il voulait sans doute honorer
« sa mémoire.

« L'Empereur arriva, suivi de son état-major et des
« curieux de cour, qui, ayant appris que l'ennemi
« s'était retiré, montraient beaucoup d'empressement
« à visiter le champ de bataille ; ces crêpes noirs ayant
« frappé sa vue, il en témoigna quelque ressentiment.
« Je ne veux pas, s'écria-t-il, voir jamais mes drapeaux
« en deuil. Nous avons perdu bon nombre de nos amis
« et de nos braves compagnons, mais ils sont morts

« au champ d'honneur, leur sort est à envier. Occu-
« pons-nous de les venger, et non pas de les pleurer,
« car les larmes ne conviennent qu'aux femmes..... »

« On s'empressa d'ôter les crêpes noirs qui avaient
« offusqué sa vue.

« Quand il passait devant les troupes, au milieu des
« cris de : « Vive l'Empereur ! » j'entendis beaucoup
« de soldats crier : « Vive la paix ! » d'autres « Vive
« la paix et *la France!* » d'autres enfin criaient : « Du
« pain et la paix ! »

De même, en Espagne, au commencement de 1809,
la Garde gronde et rechigne. Napoléon malmène alors
ses grenadiers, les rudoie, les rabroue, mais au fond il
tient compte de leur humeur. Il sait que, pour bien
manier l'instrument merveilleux dont il se sert, il faut
de la poigne, mais aussi du doigté, car cet instrument,
fait de matière humaine et française, reste essentiellement impressionnable et nerveux.

En pays occupé, vis-à-vis des populations, la discipline laissa toujours à désirer. Ce mal était dû en
partie au service de l'intendance et des vivres, absolument défectueux. Napoléon professait d'ailleurs cette
maxime que « la guerre doit nourrir la guerre » et que
l'armée doit vivre sur le pays qu'elle occupe. De là, indépendamment des réquisitions accablantes qui exas-
péraient les vaincus, indépendamment des pilleries
colossales organisées par certains chefs, l'habitude
chez le soldat de s'écarter des rangs pour chercher sa
pitance et de l'extorquer aux habitants. Et comme le
Français est volontiers houspilleur et chapardeur, la
maraude devint peu à peu et progressivement la grande
plaie des armées impériales.

On la constate dès le début. La France n'eut jamais peut-être plus belle armée que celle d'Austerlitz. Ségur raconte pourtant qu'à une seule étape, à Braunau, il fallut faire rentrer de force dans le rang 10,000 traînards et pillards. Pion des Loches ajoute : « Je fus « témoin d'une grande colère du général Vandamme, « un de nos divisionnaires : il fit fusiller, à la tête de « sa division, un traînard qui venait de rejoindre, son « havresac plein d'argenterie volée; s'il avait usé de « la même rigueur envers tous les voleurs de sa divi- « sion, il ne lui serait pas resté assez d'hommes pour « composer une escorte. »

L'année suivante, après Iéna, pendant la campagne d'hiver soutenue en Pologne contre les Russes, on voit des régiments, des divisions entières fondre et s'effriter par la dispersion des hommes : chassés des campements par l'atroce misère qui y règne, ils s'en vont très loin aux vivres, au pillage, mais se retrouvent pourtant au moment du combat.

En 1809, pendant la campagne de Wagram que Napoléon est obligé de faire avec une armée improvisée et composée en partie d'éléments trop jeunes, le nombre des traînards, des isolés, des maraudeurs, grossit encore. Ils flottent en cohue sur les flancs des colonnes, ravagent champs, vignes, villages, provinces. Ce sera bien pis en 1812. Cette fois pourtant, l'Empereur a mis plus de 18 mois à préparer la guerre; il y a employé une somme d'attention surhumaine et tout l'effort de son génie organisateur. Il croit avoir accumulé assez de convois, de bagages, de matériel roulant pour assurer le ravitaillement continu de l'armée. Cependant, comme il ne dispose pas des moyens de communication rapide inventés par la science moderne, il se trouve avoir porté un défi aux possibilités humaines. Dès l'entrée en campagne, l'appareil gigantesque dont il est l'auteur se fausse et se disloque, et à peine le Niémen est-il passé que les convois, les vivres restent en arrière ; le pain manque. D'immenses nuées de pillards s'échappent aussitôt des rangs, s'abattent sur le pays et le rongent. C'est une poussière humaine qui se lève autour de la Grande Armée, qui l'enveloppe, qui pénètre dans tous ses ressorts, qui gêne et parfois paralyse ses mouvements ; ainsi a-t-on pu soutenir que, sans même l'arrivée précoce du froid, sans ce terrible allié des Russes qui l'appelèrent le *Général Hiver*, la campagne eût abouti à un désastre, parce que la plus grande partie de l'armée se serait dissoute, dispersée, anéantie d'elle-même.

En arrivant à cette guerre fatale qui allait faire succéder pour nous à l'ère triomphante celle des misères sans nom et des tragiques infortunes, il est à propos de rechercher comment dans les années précédentes, à d'autres points de vue, la constitution et l'esprit de l'armée s'étaient modifiés et altérés. D'abord, depuis qu'à César succédait Charlemagne, depuis que Napoléon devenait moins empereur des Français qu'empereur d'Occident, il versait continuellement dans son armée des éléments étrangers, disparates : non seulement les habitants des départements annuellement annexés, Français nouveaux dont le cœur ne s'était pas francisé, conscrits hollandais, hanséates, piémontais, toscans, romains, illyriens, croates et esclavons, mais aussi des auxiliaires suisses, des Allemands de toutes les Allemagnes, des Prussiens même et des Autrichiens, des Polonais, des régiments espagnols, des légions portugaises, car chaque peuple vassal ou vaincu devait payer son tribut de soldats. Et les liens qui créent entre ces éléments hétérogènes un accord éphémère, ce sont la force, la contrainte, le prestige aussi de l'Empereur et son renom d'invincible, la fierté de combattre sous un tel chef : ce n'est nullement le sentiment d'une cause et d'une patrie communes.

Si l'on considère maintenant la phalange française qui reste le corps central de cette Babel en armes, on reconnaît que beaucoup de chefs, et des plus grands, ne suivent plus Napoléon qu'avec « une obéissance fatiguée ». Repus de gloire, las de carnage, aspirant à jouir des avantages acquis, ils détestent l'idée de risques et de labeurs nouveaux. Par contre, les masses profondes de l'armée présentent toujours la même solidité persistante, le même ressort indomptable.

C'est pourtant l'époque où se manifestent dans la société civile des signes de plus en plus marqués d'épuisement, de langueur et d'atonie. Les classes élevées et moyennes se sont détachées de l'Empereur. Les classes populaires souffrent par lui sans l'accuser, mais beaucoup de leurs membres cherchent à se soustraire aux conséquences de son système; le nombre des réfractaires à la conscription s'accroît dans des proportions effrayantes ; par bandes, par milliers, ils se jettent aux bois et aux montagnes; pour les ramener, pour les traquer, il faut des colonnes mobiles, des armées de gendarmes, de véritables expéditions à l'intérieur.

Ces constatations douloureuses et nécessaires, ne les exagérons pas toutefois, sous peine de tomber dans l'erreur. A ce moment même, il n'y a pas

scission absolue, divorce complet entre l'esprit de
l'armée et celui de la nation. Il y avait eu depuis
vingt ans en France une telle surproduction d'énergie que les réserves n'en étaient pas totalement épui-
sées. D'abord, une classe reste avide de guerres et de
conquêtes : c'est la jeune noblesse. A mesure qu'elle
arrive à l'âge de servir, elle revendique sa part de
gloire ; pour gagner ses éperons, elle compte sur la
campagne annoncée dans le Nord, se la figure facile,
fructueuse, et la considère « comme une grande
partie de chasse de six mois ». Dans les classes populaires, si le nombre des réfractaires augmente, ils
restent après tout minorité, faible minorité ; la grande
majorité de la jeunesse reste aventureuse et folle
de batailles ; elle appartient toujours à Napoléon, à
celui qui a séduit et ensorcelé son imagination ; elle
se figure maintenant qu'il va la conduire, à travers
l'obscure Russie, à des pays de lumière et d'or, à des
régions d'enchantements et à de féeriques Edens. En
ce printemps de 1812, si l'on consulte les confidences
des rois alliés, des rois frères de Napoléon, de plusieurs maréchaux, généraux et dignitaires, on ne
trouve que doléances et pronostics sinistres. Comme
contraste à ces témoignages, voici maintenant la lettre
d'un soldat, d'un jeune soldat, simple fusilier au
6e régiment de la Garde, 1er bataillon, 4e compagnie.
Des bords de la Vistule, il écrit à ses parents, dans
son style rustique :

« Nous entrerons d'abord en Russie, où nous devons
« nous taper un peu pour avoir le passage pour aller
« plus avant. L'Empereur doit y être arrivé en Rus-
« sie, pour lui déclarer la guerre à ce petit empereur :

14

« oh! nous l'aurons bientôt arrangé à la sauce
« blanche. Ah! mon père, il y a une fameuse prépa-
« ration de guerre; nos anciens soldats disent qu'ils
« n'en ont jamais vu une pareille; c'est bien la vérité,
« car on y conduit de vives et grandes forces, mais
« nous ne savons pas si c'est pour la Russie. L'un dit
« que c'est pour aller aux Grandes Indes, l'autre dit
« que c'est pour aller en *Egippe*, on ne sait pas lequel
« croire. Pour moi, cela m'est bien égal; je voudrais
« que nous *irions* à la fin du monde. »

Ils allèrent, hélas! au bout du monde européen,
jusqu'à l'étrange et mystérieuse Moscou, et lorsqu'à
cette témérité suprême eut succédé la plus épouvantable des catastrophes, lorsqu'après toutes les prospé-
rités vinrent tous les malheurs, lorsque l'Europe révol-
tée reflua sur la France et entama nos frontières, l'armée, débarrassée de ses éléments étrangers, infiniment réduite, mais épurée, redevint plus française que
jamais et rien que française.

Son rôle fut alors de défendre pied à pied le sol natal.
Dans cette tâche, fut-elle aidée, soutenue par un mouvement national? Ce mouvement ne se produisit pas
d'abord. Après 1812 et 1813, la France était tellement
lasse, surmenée, que l'idée métaphysique de la patrie
violée, qui avait suscité l'élan de 1792, laissa les populations à peu près indifférentes jusqu'à ce que le fait
matériel et brutal de l'invasion fut venu les atteindre
et les toucher, les faire souffrir dans leur chair. Alors,
au contact et sous l'étreinte de l'étranger insulteur
et pillard, elles se réveillèrent et, quelque exténuées
qu'elles fussent, se remirent debout d'un furieux élan.
En février et mars 1814, la guerre redevint nationale.

Dans la plupart des départements envahis, des bandes de paysans se levèrent, commencèrent contre l'étranger la guerre de partisans, la guerre sans pardon ; la France eut ses *guérillas*, comme l'Espagne avait eu les siens. En même temps, l'enrôlement des derniers conscrits, la levée de nos ultimes réserves, s'opéraient sans trop de difficultés. Au dernier combat qui retarde la marche des alliés sur Paris, à Fère-Champenoise, l'armée et la nation se sentent fraternellement les coudes. Là, à côté d'un fragment de la vieille armée régulière, d'un bataillon du 54e de ligne, des gardes nationales levées d'hier, des hommes qu'on n'a pas eu le temps d'habiller en soldats, qui vont au combat en blouse et en sabots, se font stoïquement écraser par la mitraille et atteignent un degré d'héroïsme qui n'a jamais été dépassé ; tant l'esprit d'abnégation, de sacrifice et d'obéissance active, avait pénétré profondément les moelles de la nation.

Après la chute de Paris, lorsque Napoléon est trahi par un de ses maréchaux, abandonné par les autres, ceux qui lui restent jusqu'au bout, ce sont les vieux soldats, les ouvriers de Paris et les humbles paysans de France ; ils lui restent moins parce qu'ils voient en lui le souverain, le dynaste, que le général en chef contre l'ennemi du dehors et le premier soldat de France. De même, l'année suivante, en 1815, lorsqu'après les fautes et les malheurs de la première Restauration, Napoléon surgit de son île et reparaît, ce n'est pas l'armée seule qui vole vers lui d'un irrésistible élan. La France populaire, comme la France militaire, a ressenti profondément l'humiliation nationale et craint un retour offensif de l'ancien régime ; de plus, elle a Napoléon dans le sang et se sent veuve du furieux génie qui l'a épuisée et meurtrie, mais aussi pleinement contentée et glorifiée. Et partout, lors du retour de l'île d'Elbe — les plus récents et les meilleurs travaux l'attestent (1) — le mouvement militaire est secondé, appuyé, devancé souvent par un mouvement populaire. A Grenoble, les ouvriers char-rons brisent les portes pour permettre à l'Empereur de faire son entrée. A Lyon, les *canuts* démolissent les défenses improvisées de la ville. A Villefranche, 60,000 paysans viennent saluer le glorieux revenant, et lorsqu'il arrive à Paris, le 20 mars, si ce sont des officiers en demi-solde qui le hissent sur leurs épaules et le portent à bout de bras dans ses appartements des Tuileries, sa marche depuis Fontainebleau a été retardée par des flots de multitude venant lui rendre tumultueusement hommage.

Très vite, il est vrai, cet enthousiasme fléchit. La France s'aperçoit qu'elle a obéi à un coup de passion, à un transport irraisonné, qu'elle s'est jetée dans une aventure d'issue désastreuse, et à cet affaissement de l'esprit public va répondre dans l'armée, après un dernier et sublime effort, la grande panique de Waterloo. Cependant, au lendemain de l'épouvantable choc, l'armée se retrouve, et lors même que l'Empe-reur a pour la seconde fois abdiqué, lorsqu'il a dis-paru, lorsqu'il s'achemine à l'exil, elle continue à se battre quand même, à se battre pour la France. Elle se bat aux barrières de Paris, elle sabre les Prussiens dans les rues de Versailles, et enfin, quand tout est consommé, elle ne se divise pas, conserve son unité et sa grandeur. Douloureuse et résignée, triste et digne,

---

(1) H. Houssaye. 1815, t. I.

elle accepte ses destinées nouvelles, toujours inséparables de celles de la nation.

De ce tumulte d'événements dont le cours impétueux nous étourdit parfois, nous roule et nous entraîne, est-il possible de dégager une conclusion d'ensemble, une conclusion finale? A notre avis, celle qui se dégage, celle qui resplendit d'une lumineuse évidence, c'est que la France n'a jamais connu d'armée de prétoriens. L'armée a toujours compris que derrière tout homme, si grand, si extraordinaire qu'il fût, quelque chose de plus grand encore subsistait et qu'il y avait la France. Non seulement elle ne s'est jamais divisée contre elle-même, mais elle ne s'est jamais réellement isolée de la nation. Elle a pu parfois méconnaître la légalité, elle ne s'est jamais mise en opposition avec la conscience publique. Elle a suivi Napoléon jusqu'au bout de ses plus funestes comme de ses plus brillantes entreprises, jusqu'au bout de sa carrière de gloire et de perdition, mais elle l'a suivi de concert et d'accord avec la nation. Elle a moins cherché à dominer qu'à servir, en prenant le mot dans sa plus noble acception, à servir, c'est-à-dire à s'acquitter du devoir militaire dans son essence même et dans sa plénitude. Et qu'on ne dise pas qu'aux heures troubles et pleines d'angoisse qui signalèrent la fin comme les débuts de la période révolutionnaire et impériale, le devoir, au moins pour ceux que ne rattachaient pas au passé une fidélité obligatoire et un lien d'allégeance personnelle, le devoir était obscur, incertain, difficile à démêler. Ne le disons pas, car trop de morts, tombés glorieusement depuis Valmy jusqu'à Moscou, depuis Moscou jusqu'à Mont-Saint-Jean, se lèveraient de leur couche sanglante pour nous porter démenti. Ils

14.

n'entraient pas, ces cœurs simples, ces cœurs grands, dans les subtilités des politiquants, dans les louches compromissions d'un Fouché ou d'un Talleyrand : d'instinct, servis par un instinct sauveur de la race, ils se serrèrent autour du point de ralliement national quel qu'il fût, assemblée ou homme, Convention ou Empereur; fidèles à ce qui représentait contre l'étranger la résistance ou l'expansion nationale, ils suivirent jusqu'à la mort ce drapeau vivant. Ce merveilleux instinct de l'armée se retrouve d'ailleurs à toutes les époques; on peut le suivre à travers les âges, et c'est ce qui nous permet de rappeler finalement, d'invoquer comme éternelle règle de conduite une parole prononcée aux jours les plus sombres de la Révolution. Alors qu'il fallait choisir entre la royauté défaillante, entre cette royauté qui avait fait la France, entre les grands et immortels souvenirs qu'elle incarnait, et la nation soulevée, trop souvent souillée de crimes, trop souvent égarée, sanguinaire, atroce, mais en somme debout contre l'étranger, quelqu'un a dit qu'il fallait faire comme le soldat, comme lui rester fidèle au poste; on a dit et nous répéterons : « Là où est l'armée française, là est la France. »

DU DEVOIR MILITAIRE

Par M. Émile BOUTROUX

DE L'ACADÉMIE DES SCIENCES MORALES ET POLITIQUES

DU DEVOIR MILITAIRE

Lorsque je fus invité à vous parler du devoir militaire, ma première impression, je l'avoue, fut un sentiment d'inquiétude. Qu'avez-vous affaire des idées générales et métaphysiques parmi lesquelles vit un philosophe ? C'est à l'action que vous vous préparez ; et, en dehors des connaissances positives et techniques, seul, l'exemple des hommes d'action peut vous apprendre la pratique de votre métier. A la réflexion, pourtant, je compris la pensée qui avait dicté cette décision. Les forces physiques, la science, l'éducation technique et professionnelle ne sont pas tout à la guerre. L'élément prépondérant est et demeure la force morale. Quand on a expliqué Waterloo par l'éloignement de Grouchy, par le retard de Napoléon à engager la lutte et par d'autres causes analogues, il reste, si l'on veut que l'explication soit complète et vraie, à ajouter que l'Empereur arrivait en Belgique démoralisé. Et cette raison dispense presque des autres. L'étude minutieuse des causes dans l'histoire de la guerre mène partout au même résultat. Or cette force morale, c'est, si on la considère dans sa source la plus haute, la foi en une idée, l'attachement à une cause que l'on croit juste et grande, ou encore l'amour de la gloire et de l'immortalité, c'est-à-dire, d'un mot, le cœur humain lui-même, dans les sentiments qui lui sont le plus essentiels. Quel homme donc oserait se dire étranger aux principes de la vertu militaire? Et le philosophe, en particulier, dont la fonction est d'analyser le travail intérieur de notre pensée et de notre volonté, ne trouve-t-il pas un admirable sujet d'étude dans cette manifestation si saisissante de la supériorité de l'esprit sur la matière?

Une objection pourtant se présente à moi. Est-il bon, est-il opportun de discuter les principes du devoir militaire? Ne risquons-nous pas, sous prétexte de montrer combien ce devoir est fondé, d'en affaiblir et d'en compromettre le sentiment? La foi n'est-elle pas plus sûre et plus forte que tous nos raisonnements, et ne suffit-il pas que nous ayons au cœur une certitude morale de la réalité et de l'inviolabilité de ce devoir?

Objection grave, à coup sûr, et qui devrait faire hésiter le philosophe, s'il se trouvait en présence d'esprits encore peu travaillés du besoin de réfléchir et d'examiner. C'est une loi de nature, que l'homme débute par l'action instinctive. Mais c'est une loi aussi qu'un jour vient où il réfléchit sur cette action et ne consent à y persévérer que si son instinct se montre d'accord avec sa raison. Or, qui peut nier que tel ne soit aujourd'hui l'état moral de tous les esprits cultivés? Nous n'avons pas créé cette situation : elle s'est développée comme d'elle-même, et elle fait chaque jour des progrès extraordinaires. Force nous est donc de discuter et de démontrer, là même où nous voudrions nous borner à croire; et ainsi la philosophie, avec son libre examen, a sa place nécessaire dans une des occupations humaines qui, à l'origine, lui étaient le plus étrangères.

C'est par ces considérations que je cherche à me rassurer, et c'est en analysant le côté humain et les principes rationnels du devoir militaire que j'essayerai de remplir ma tâche.

I.

J'ai à vous parler du devoir militaire tel qu'il se présente à nous aujourd'hui, c'est-à-dire dans une armée nationale comme la nôtre. Que signifie cette spécification? Le devoir militaire a-t-il donc changé? Le soldat doit-il, pour savoir à quoi il est obligé, consulter la forme variable de la société et des institutions? Non, certes, et c'est ce que montrerait, s'il en était besoin, la comparaison de ce devoir dans le présent et dans le passé. A travers toutes les transformations survenues soit dans les sociétés, soit dans les armées, il se résume toujours dans ces deux termes: l'exemple dans le chef, l'obéissance chez les subordonnés. Le fait que le militaire soit en même temps citoyen, et cela sous un régime politique de libre discussion, n'a rien changé à la formule du devoir. Nos révolutions, qui ont bouleversé tant de choses, n'ont pas touché à la discipline militaire, comme le prouve notamment cette disposition de la loi, en vertu de laquelle les droits de l'électeur sont suspendus pour le citoyen dans le temps qu'il est sous les drapeaux.

Le devoir militaire n'a pas changé, parce qu'il ne peut changer. Son essence tient à la nature même des choses; et l'on peut, à ce titre, en fournir, par le raisonnement, une théorie certaine et immuable.

Le fait qui l'engendre et qui le détermine, c'est la

guerre, dont l'idée est très simple et, quelles que soient les circonstances, toujours la même. La guerre est une lutte à main armée entre deux partis, dont chacun prétend imposer sa volonté à l'autre.

Quel est l'instrument du succès? La force. Quelles sont les conditions de la supériorité dans le domaine de la force?

Quand il s'agit des choses matérielles, nous voyons que la force est le concours de deux éléments : le nombre et l'organisation. Une force naturelle, c'est une accumulation d'éléments d'énergie qui demeurent emmagasinés, jusqu'au moment où les circonstances les mettent plus ou moins brusquement en liberté. Chaque élément, en lui-même, est négligeable : concourant avec d'autres, il devient efficace. Et plus l'organisation est riche et harmonieuse, plus le nombre acquiert de puissance. Le frêle organisme d'une plante se fait jour à travers les rochers. Ce n'est point là une création de force, mais bien l'accord, le concert d'un certain nombre de forces tendant toutes au même résultat.

Il y a, certes, une grande différence entre les conditions de la force dans les conflits de la nature brute et dans les conflits des groupes humains. Dans ces derniers, le nombre joue un rôle nettement subordonné. Il est peu de chose en face de la volonté, de la bravoure, du sang-froid, de l'audace, de l'énergie, de l'intelligence, en un mot, de la valeur morale. L'histoire montre que, d'une manière générale, la victoire est aux bons bataillons bien plus qu'aux gros bataillons. C'est ce que vient de prouver une fois de plus une minutieuse étude du capitaine Berndt, intitulée : *Die Zahl im Kriege*. A Auerstædt, à Dresde, à Inkermann, nous luttions dans la proportion de un contre deux.

Mais cette prépondérance des forces morales doit être interprétée correctement.

L'objectif, à la guerre, est d'être le plus fort au moment décisif, sur le point décisif. Il ne s'agit pas de faire des prouesses individuelles et de se couvrir de gloire : il s'agit de vaincre. Pour y réussir, la condition essentielle, c'est une étroite liaison entre les différents organes du commandement, c'est l'accord résultant d'une commune subordination des parties au tout, d'une commune abnégation des individus en face de la pensée du chef suprême et du but commun que tous doivent avoir en vue. Certes, il est beau de demander des forces au désespoir quand on ne peut plus compter que sur soi. Mais cette extrémité, où l'héroïsme même risque d'être impuissant, est précisément la situation qu'il s'agit de prévenir, et on ne la prévient que par l'entente. Donc, il faut, à coup sûr, que les individus aient de la valeur; mais cela ne suffit pas : il faut qu'ils emploient cette valeur à agir de concert avec le tout dont ils font partie; il faut qu'ils soient une pièce solidaire dans un organisme. Il faut que le chef puisse compter sur l'absolue docilité et le dévouement de ses troupes; et il faut que les soldats sachent, de leur côté, que le chef ne se propose pas un but individuel, mais est le dévoué serviteur de la cause commune. C'est donc surtout une vertu collective, un entraînement mutuel, qui est, à la guerre, la garantie du succès.

Et il importe de remarquer que les qualités individuelles elles-mêmes sont grandement accrues par la confiance que l'on a les uns dans les autres. Une troupe à laquelle on demande un acte d'audace ou de résistance opiniâtre aura bien plus d'entrain, si elle

15

sait que les camarades viendront au besoin la soutenir, que si elle se sent moralement isolée. Napoléon lançait vers le champ de bataille des troupes qui, en fait, ne pouvaient pas y arriver à temps pour combattre, parce qu'il savait quelle ardeur nouvelle l'annonce de leur approche communiquerait aux combattants.

Ainsi les forces morales qui sont prépondérantes à la guerre ne sont pas précisément la bravoure et l'énergie des individus comme tels, mais bien l'union des âmes, qui multiplie la force de chacun par la force de tous. Les forces morales sont essentiellement des forces d'unification, de cohésion, de coordination. Elles transfigurent et spiritualisent le nombre, mais elles le supposent.

Or, l'unification et la coordination des forces humaines, sauf dans certains cas exceptionnels, ne se produit pas spontanément, comme celles des forces inconscientes dans les grands phénomènes de la nature. L'intelligence, qui est le titre de noblesse de l'homme, se traduit tout d'abord par le retour sur soi-même, par le calcul, l'égoïsme, l'estime particulière de sa vie et de son bien-être, le soin extrême de sa conservation personnelle. Et l'égoïsme n'est pas un principe d'union, mais de division. Donc l'union des hommes, si l'on veut qu'elle soit sûre et solide, doit être instituée et garantie. L'agent de cette union, nécessaire et contraire aux tendances égoïstes de l'homme, c'est la discipline. Elle est la force des armées, dit le règlement. En elle se résume le devoir militaire.

En quoi consiste la discipline? Elle est tout d'abord l'obéissance et la soumission. Elle est même l'obéissance passive. Cette expression est-elle trop forte? Ne peut-il pas arriver que la justesse ou la légitimité d'un ordre soit discutable? Certes, le fait peut se produire. L'obéissance n'en demeure pas moins obligatoire. Le commandement est pour le militaire ce que la loi est pour le citoyen. Or c'est un philosophe, un apôtre du libre examen, Socrate, qui, condamné injustement et pressé de se soustraire à l'action des lois, dit à ses disciples : « Justes ou injustes, les lois de la patrie sont inviolables. Le citoyen, qui n'est que par elles, ne peut sans absurdité se révolter contre elles. » Tel est le thème de l'admirable prosopopée des lois qu'on lit dans le *Criton* de Platon. L'obéissance passive est le devoir du soldat, parce qu'elle seule peut assurer l'unité, sans laquelle il n'y a pas de force.

S'ensuit-il que le soldat ne soit qu'une force matérielle, analogue à l'arme dont il est chargé? En aucune façon. La volonté du chef ne s'adresse pas au corps, mais à la volonté et à l'intelligence de son subordonné. Celui-ci n'obéit véritablement que si, non content de se conformer à la lettre du commandement, il en saisit et en épouse l'esprit. C'est pourquoi il ne se borne pas à obéir dans la mesure strictement nécessaire pour se couvrir et dégager sa responsabilité : il veut atteindre effectivement le but qui lui est assigné. Tel ordre est sommaire : il le comprend à demi-mot; il le développe, en entrant, avec intelligence, dans la pensée du chef. La fin lui est prescrite : il imagine les moyens, les détails de l'exécution. Et, à son tour et dans sa sphère, il prend des décisions, il se suffit; il accepte, affronte, embrasse la responsabilité.

Et ainsi la discipline militaire n'est pas simplement obéissance passive, elle est en même temps intelligence et dévouement. C'est l'homme même, s'employant tout entier, avec zèle et avec amour, à la réalisation de la tâche qui lui est confiée.

La vraie discipline continue ainsi l'obéissance passive par une initiative obéissante. Dans la réalité des choses, entre l'ordre donné et les conditions de sa réalisation, il y a toujours une lacune. Celui qui veut vraiment obéir supplée par lui-même tout ce qui est nécessaire pour assurer cette réalisation.

S'il en est ainsi, la discipline n'est pas ce lien purement extérieur et matériel, que l'on s'imagine parfois. Sans doute, elle est d'abord soumission et obéissance, mais elle est quelque chose de plus. Elle suppose, d'une part, dans celui qui commande la confiance en ses subordonnés : il faut qu'il sache que ceux-ci le suivront, et que même loin de son regard, ils se conformeront à ses ordres avec zèle et intelligence. Et, d'autre part, elle suppose, chez ceux qui obéissent, la confiance dans le chef, confiance qui n'est assurée que si le dévouement, la bravoure et la capacité du chef sont au-dessus de tout soupçon. En un mot, la discipline, c'est la confiance de chacun en tous et de tous en chacun, c'est la réalisation de cette unité morale qui seule confère une véritable force.

Tel est le devoir militaire, selon qu'il se déduit de la notion même de la guerre. Il ne peut être autre dans une armée de métier, dans une armée de mercenaires et dans une armée nationale. On peut même dire que l'homme qui n'est que soldat acquiert peu à peu un sens de la guerre susceptible de lui rendre la contrainte moins nécessaire, tandis que l'homme enlevé pour un temps à ses occupations civiles ne peut devenir soldat que par une action énergique exercée du dehors sur son intelligence et sa volonté.

Que pouvons nous donc avoir à dire sur le devoir
militaire, qui soit propre à notre temps ; et notre rôle
ne se borne-t-il pas à montrer l'identité de ce devoir
à travers les âges, et à en faire ressortir, par là même,
avec le caractère indiscutable, la dignité et la grandeur ? Pourtant, il est impossible que les changements
profonds qui se sont opérés dans notre société depuis
un siècle soient sans influence sur les conditions de
l'esprit militaire, surtout si l'on songe que l'un de ces
changements a précisément consisté à imposer le devoir militaire à tous les citoyens, à identifier l'armée
avec la nation. Voyons quelle a pu être cette influence.

II.

Nous avons dit que le devoir militaire, en lui-même,
n'a pas changé et ne saurait changer. Mais du devoir
même, pris dans sa formule, il convient de distinguer,
et le principe qui le fonde, et le mobile qui nous
pousse à l'accomplir. Or, sur ce principe et sur ce mobile, la transformation qu'a subie la société a exercé
une influence considérable.

Le principe du devoir militaire, dans une armée
sans attache avec la nation, c'est, ou la force, ou le
contrat, ou le commandement de l'autorité établie.
Ces principes peuvent, certes, ne manquer ni d'efficacité ni de noblesse. Ils trouvent leur plus haute
expression dans l'honneur militaire, lequel est un
sentiment très digne des âmes d'élite. La transformation de la société n'a pas supprimé ces principes, puisque, plus évidemment que jamais, le gou-

vernement, un avec la nation, est une puissance légitime à qui nous devons fidélité et obéissance.

Mais la fusion de l'armée avec la nation, en nous replaçant dans les conditions des sociétés grecques et romaines, a remis au premier plan le principe qui, dans ces sociétés, avait dominé le devoir militaire, à savoir le devoir envers la patrie.

La mission de l'armée n'est plus de faire la fortune d'un aventurier, ou de servir les intérêts, même légitimes d'un prince, ou de marcher à la gloire à la suite d'un héros ; mais de garder le bien le plus précieux de la nation, la patrie.

Or, il n'en est pas de ce principe comme des premiers dont nous avons parlé. Ceux-ci ne sont pas évidents par eux-mêmes, absolus ; ils ne s'imposent pas immédiatement à la conscience morale. La force ne peut fonder un véritable devoir que si elle est respectable. Le contrat est résiliable si les clauses n'en sont pas observées. L'autorité qui est sans racine dans la nation est toujours discutable pour des esprits portés à la critique. L'honneur même, cette pudeur virile dont Vigny a si bien parlé, s'il n'est rattaché à rien, apparaît comme le suprême recours d'une âme privée de croyances et jalouse surtout de sa dignité personnelle, plutôt que comme le principe simple et clair, accessible à toutes les âmes et suffisant dans toutes les circonstances. Ainsi ces divers principes, en eux-mêmes, n'obligent pas l'homme nécessairement. Ils sont subordonnés à des conditions. C'est ce qu'on appelle en philosophie des impératifs hypothétiques.

Tout autre est le devoir de vivre et mourir pour sa patrie.

On discute sur l'idée de patrie. Cette idée, pourtant,

est très claire, si l'on s'en tient aux enseignements de l'histoire et aux sentiments naturels de l'humanité. Primitivement, la patrie était la terre des pères, le sol où reposaient les ancêtres et que leurs âmes habitaient. Et comme ces ancêtres étaient des dieux, les dieux protecteurs de la famille, la patrie, qui les enfermait, était elle-même sacrée. Elle était le symbole de la continuité et de la perpétuité de la famille, la figure du passé, que les vivants avaient le devoir de transmettre inviolée à leurs descendants. Peu à peu, le contenu de la patrie s'est agrandi, mais la notion est restée la même. La patrie, aujourd'hui, c'est, dans tous ses éléments, tant matériels que moraux, le patrimoine que nous ont légué nos pères et que nous devons transmettre à nos descendants. C'est le sol et ce sont les gloires et les malheurs passés, ce sont les hauts faits militaires, les conquêtes morales, sociales et politiques. Ce sont les épreuves, les douleurs, les tâches et les espérances communes. C'est la langue et les lettres, les arts, la science et la civilisation créés et accrus par nos ancêtres. Ce sont les héros en qui l'âme du peuple s'est concentrée, qui ont exprimé ce qu'il y a en lui de plus pur et de plus grand, dont le génie, le dévouement, l'exemple, continuent à envelopper la nation d'une influence tutélaire. Ce sont les maximes qui expriment les principes des hommes d'action, qui résument les réflexions des penseurs.

Tout cela, c'est un devoir de le conserver et de l'accroître. Pourquoi? Parce que c'est la réalisation d'une face de l'humanité, une partie déterminée de l'œuvre d'intelligence et de justice que l'espèce humaine a pour mission d'accomplir. Cet objet nous dépasse infiniment, nous, créatures d'un jour. Notre grandeur ne peut venir que de l'abnégation avec laquelle nous lui aurons consacré notre existence.

Ainsi, le devoir envers la patrie n'est pas un devoir relatif, conditionnel, lié à la volonté de quelque puissance extérieure. C'est un devoir qui s'impose à l'homme en tant qu'homme. C'est le devoir incombant à chacun de travailler, pour sa part et dans sa sphère, à la réalisation d'une certaine forme de l'idéal humain. Il répond à ce qu'on appelle, en philosophie, un impératif catégorique.

Dès lors, c'est un fait de grande conséquence, que ce rattachement immédiat du devoir militaire au devoir patriotique, qui suit de l'idée d'une armée nationale. Désormais, le devoir militaire n'est plus spécial, conditionnel, discutable. Il fait partie du devoir, dans le sens absolu et universel du mot. Nous ne pourrions nous en affranchir qu'en dépouillant notre qualité d'hommes. C'était un devoir d'état, c'est maintenant un devoir de conscience. Le soldat doit remplir son devoir de soldat, par cela seul qu'il est homme.

Le caractère national de l'armée moderne influe de même sur le mobile qui sollicite la volonté du soldat. Ce mobile était autrefois, ou la peur, ou l'intérêt, ou l'attachement à une personne, l'admiration, la fascination, ou l'amour de la gloire.

Ces sentiments, certes, ont leur source dans la nature même de l'homme. Ils doivent donc être cultivés et favorisés, dans ce qu'ils ont de légitime, de noble et d'efficace. Tout chef doit se faire craindre, estimer et aimer de ses subordonnés. Nous savons quelle force irrésistible Napoléon communiquait à ses soldats en leur disant simplement : « Je suis content », ou :

« Je ne suis pas content de vous ». L'ascendant que, du haut au bas de la hiérarchie, le chef acquiert par son exemple, sa capacité, sa sollicitude paternelle, est la première condition du succès.

Mais tous les mobiles que nous avons énumérés sont désormais dominés par un sentiment supérieur, dont l'action leur donne une physionomie nouvelle : l'amour de la patrie.

L'amour de la patrie est, lui aussi, un sentiment naturel. C'est à bon droit que l'on compare la patrie à une mère, puisqu'elle nous donne l'existence sociale et humaine, comme notre mère nous donne l'existence individuelle. Elle nous élève avec sollicitude et avec amour ; car les institutions au milieu desquelles nous grandissons, les beaux exemples que nous trouvons devant nous ne sont autre chose que les fruits de l'amour qu'elle a inspiré à nos devanciers pour leurs descendants. Tout homme à l'âme un peu élevée travaille pour l'avenir : c'est que la patrie vit en lui, et aime d'avance ceux qui sont à naître. Il est banal de remarquer que nous nous sentons destitués d'une partie de nous-même quand nous sommes privés de notre patrie. La remarque est banale parce qu'elle est vraie. Quiconque laisse la nature agir en lui sent qu'il appartient à sa patrie comme le membre au corps, et qu'elle est lui-même plus que le moi superficiel auquel est bornée sa conscience distincte, parce qu'en elle il a l'être, le mouvement et la vie.

Non seulement ce sentiment est naturel, mais il faut ajouter qu'il est obligatoire. Ne nous eût-il pas été communiqué par l'exemple et par l'éducation, la réflexion nous montrerait que nous avons le devoir de l'éprouver et de l'entretenir en nous.

15.

On entend souvent dire qu'un sentiment ne saurait
être l'objet d'un devoir, que la morale ne peut commander que des actes et non des affections, sous ce prétexte que seuls les actes dépendent de notre volonté.
Il faut rejeter résolument cette maxime, qui décou-
ronne la morale et lui enlève la meilleure part de sa
puissance. Le sentiment, c'est l'homme même. Comment se contenter d'une action purement mécanique,
qui ne serait pas inspirée et soutenue par la disposition intérieure de l'âme? L'obéissance sans le dévouement serait sans dignité et sans beauté. Elle serait,
de plus, incertaine et inefficace. Car, où puiser la
constance, l'abnégation, la volonté indomptable de
réussir qui caractérisent l'obéissance véritable, si ce
n'est dans la force invincible par excellence, dans
l'amour? Ce ne sont pas seulement les grandes pensées, ce sont aussi les grandes actions qui viennent
du cœur.

Que l'amour, et non pas seulement la pratique
extérieure, puisse être un devoir, c'est ce qui a été
proclamé par le Christ lui-même, quand il a réduit
toute la morale à ces deux commandements : « Tu
aimeras Dieu par-dessus toutes choses », et : « Tu
aimeras ton prochain comme toi-même pour l'amour
de Dieu ».

Mais, objecte-t-on, comment l'amour pourrait-il
être l'objet d'un devoir? L'amour est-il en notre pouvoir, et peut-on être tenu à ce qui ne dépend pas de
nous? Je crois qu'on peut répondre hardiment par
cette parole d'un philosophe : « Puisque tu dois, tu
peux. » En effet, à y regarder de près, cette maxime est
moins paradoxale qu'il ne semble au premier abord.
Supposez qu'on vous ordonne d'aimer tel ou tel indi-

vidu, tel ou tel objet que l'on vous désigne arbitraire-
ment : vous répondrez que l'amour ne se commande
pas. Et, en effet, il ne dépend pas de nous d'aimer un
objet quelconque. Quand l'objet n'a rien en lui qui
commande l'amour, ce ne peuvent être que des affi-
nités accidentelles qui le déterminent. Mais si l'on
nous ordonne d'aimer nos parents, nos maîtres,
d'aimer les héros de la vertu et du sacrifice, d'aimer
Dieu, il en est tout autrement : l'amour, ici, dépend
de nous. Renonçons à notre égoïsme, à notre habitude de tout rapporter à nous-même, pour nous
tourner avec bonne volonté et confiance vers ces
objets supérieurs ; et, naturellement, nous aime-
rons. C'est que de ces objets descend vers nous un
amour dont le nôtre n'est que la répercussion. Dieu
nous aime, et c'est son amour que nous lui rendons.
Il en est de même de l'amour que nous avons pour
nos parents. On aime tout ce qui est grand, de
l'amour même dont toute grandeur est l'épanche-
ment.

S'il en est ainsi, il est légitime d'imposer aux
hommes, comme un devoir, l'amour de leur patrie. Car
la patrie est grande et belle, elle est une expression de
la nature humaine infiniment supérieure à notre tran-
sitoire et pauvre individualité. Elle est comme le foyer
de chaleur et de lumière qui donne la vie à la plante :
il suffit que celle-ci soit en présence du soleil pour
qu'elle se tourne vers lui.

Pascal disait : « Quittez les plaisirs, et vous aimerez
Dieu ! » De même on peut dire : Quittez la sotte
vanité de croire que vous vous êtes fait tout seul, que
vous vous suffisez, que ce qui n'est pas vous ne vous
concerne point, que vous ne devez ni reconnaissance à

vos ancêtres, ni dévouement à vos descendants, et vous aimerez votre patrie!

En résumé, le devoir militaire n'a pas changé de formule, par ce fait que l'armée est devenue nationale. Il se résume toujours dans la discipline, qui en est l'expression nécessaire. Mais, rattaché immédiatement au devoir envers la patrie, comme à son principe, il est désormais un devoir dans toute la force du terme, une obligation morale absolue engageant la conscience, et non pas seulement une contrainte imposée par l'autorité ou par les circonstances. Et, lié à l'amour de la patrie comme au principal mobile qui nous porte à l'accomplir, il a pour auxiliaire ce qu'il y a de plus pur et de plus puissant dans le cœur humain. Il repose ainsi à la fois sur la morale et sur la nature, dans ce qu'elles ont de plus intime et de plus élevé.

III.

Ces caractères n'intéressent-ils que le psychologue et le moraliste, ou engendrent-ils des conséquences visibles et saisissables?

Ils ont d'abord pour effet de conférer au métier des armes un surcroît de grandeur, de noblesse et de beauté.

La valeur de toute occupation humaine lui vient de la fin à laquelle elle tend. Il n'est pas mal de travailler à être heureux, mais il est plus beau de travailler à soulager les misères physiques et morales de ses semblables, à créer de grandes œuvres, à faire avancer les sciences et la civilisation. Et les fins que nous pouvons nous proposer sont d'autant plus hautes qu'elles parti-

cipent davantage de l'éternel. Or, parmi les choses
humaines, celle qui imite le mieux l'éternité, c'est la
patrie. Elle nous précède et elle nous survit, elle plane,
comme immobile, au-dessus de nos agitations et de nos
efforts contradictoires. D'autre part, il est faux que,
semblable aux individus, elle ait son évolution marquée
d'avance et doive nécessairement passer de la jeunesse
à la maturité et de la maturité à la décadence et à la
mort. La patrie est son œuvre à elle-même. Elle est,
parce qu'elle veut être. Elle persiste, tant que ses
enfants la servent avec fidélité et avec vigueur. Il dépend de nous de la rendre immortelle. Tel est du moins
l'enseignement de l'histoire, laquelle nous montre la
patrie française naissant de la foi d'une jeune fille
au milieu d'une dissolution générale, et se maintenant en face de l'Europe ennemie, grâce à l'enthousiasme des héros de Valmy et de Jemmapes. Et lorsque,
dans l'antiquité, la Grèce sombra après Chéronée, que
lui manqua-t-il, sinon, dans ses enfants, la sérieuse
volonté de vivre et de rester unis?

Or, quoi de plus grand que d'être la force et le dévouement sur lesquels la patrie compte pour subsister
et accomplir sa destinée? Insérée dans l'œuvre des
siècles, notre action acquiert une consistance et une
dignité qui semblaient refusées à notre nature péris-
sable. Quand nous trouvons notre tâche ingrate, obligés que nous sommes de souffrir en silence et de réprimer notre besoin d'agir, elle nous console de notre
longue attente en nous rappelant que, dans la région
supérieure où elle plane, les années sont à peine des
minutes, et que l'action n'est sûre qu'à condition
d'avoir été précédée par une période de recueillement
et de préparation. C'est ainsi que la patrie rehausse et

15..

sanctifie, non seulement les actions brillantes accomplies à son service, mais l'obscur et ingrat labeur dont ces triomphes seront un jour le résultat et la manifestation,

Et il est clair que cette dignité, inhérente au service de la patrie, n'appartient pas seulement à ceux qui la servent dans un rang élevé. L'action des plus humbles n'est pas moins indispensable au résultat que celle des plus haut situés. Ces humbles sont ennoblis par l'œuvre à laquelle ils collaborent. Devant la sublimité de l'objet commun tous sont égaux, comme devant le soleil toutes les créatures qu'il fait vivre ; et il n'y a ici nulle place pour ces rivalités d'amour-propre, ces dédains et ces mépris mutuels, qui accompagnent naturellement les ambitions égoïstes. L'obéissance ne saurait rien avoir d'humiliant, lorsqu'elle s'adresse à un homme qui est lui-même l'obéissant serviteur du devoir commun. L'autorité est tout autre chose, si le chef a conscience de l'égale subordination de tous à une fin très haute, ou s'il ne voit d'autre fondement au droit de commander qu'une volonté arbitraire plus ou moins puissante. Et l'inférieur se sentira grandi dans son obéissance par le caractère désintéressé et idéal du commandement.

C'est là, et là seulement, que se trouve la solution du problème tant débattu de l'inégalité des conditions dans la société. Cette inégalité est insupportable, tant qu'elle n'est conçue que comme une suite de la lutte des individus pour l'existence et la domination. Mais si l'on songe que la patrie a besoin de serviteurs placés à différents postes, et que sa grandeur est faite des dévouements les plus humbles comme des plus éclatants, on verra l'inégalité matérielle se résoudre en une har-

monie providentielle et en une véritable égalité morale.
C'est ainsi que Bonaparte représentait à ses soldats le
peuple français saluant chacun d'entre eux à son
retour par ce suprême éloge : « Il était de l'armée d'I-
talie ! »

Si le fait d'être directement le serviteur de la patrie
ajoute à la dignité du soldat, il est aussi de nature à
accroître sa force morale et personnelle.

Non, certes, qu'il faille négliger les autres principes
de valeur individuelle. L'instinct de l'action, la joie
de braver le danger et de triompher des difficultés,
l'amour de la gloire, l'ambition de se distinguer, une
noble et généreuse émulation sont des ressorts très
puissants, qu'il faut se garder d'affaiblir dans les âmes.
Par-dessus tout, l'entraînement que suscite un chef
capable, à la fois ferme et bienveillant, objet de respect et d'admiration, d'amour et de confiance pour ses
subordonnés, est un élément de succès d'une puissance
incalculable. Mais il peut arriver que ces stimulants
fassent plus ou moins défaut. Le soldat peut se trouver
abandonné à lui-même ou soumis à l'influence d'un
milieu déprimant. Il peut, trahi par les circonstances,
être tenté de céder à la défiance ou au découragement.
Alors, chez celui qui s'est bien rendu compte de la si-
gnification d'une armée nationale, un principe demeure, que rien ne peut écarter, affaiblir, modifier :
le devoir, inséparable de la conscience elle-même.

Hic murus aheneus esto :
Nil conscire sibi, nulla pallescere culpa.

Si le devoir militaire est vraiment devoir, dans toute
la force du terme, il persistera à s'imposer à l'homme,
là même où toutes les autres raisons d'obéir et de tenir

bon sembleraient lui manquer. Cette raison, à elle
seule, pourra suffire, en l'absence de toutes les autres.
Car rien n'est fort comme le pur sentiment du devoir
pour déterminer la conduite de l'homme. Ne croyez
pas que, pour rendre ce sentiment efficace, il soit nécessaire, comme on le dit souvent, d'y ajouter un intérêt. Le plus sûr moyen de se faire obéir d'un enfant
même n'est pas de lui dire : « Si tu fais telle chose, tu
auras telle récompense »; c'est de lui dire simplement : « Il faut, tu dois », et de lui montrer par son
propre exemple qu'en parlant ainsi, on se borne à lui
transmettre un commandement qui s'adresse à tous,
aux grands comme aux petits, à celui qui ordonne
comme à ceux qui doivent obéir. Si, d'une manière
générale, les forces morales l'emportent sur les forces
matérielles, la force suprême, c'est la force morale par
excellence, le sentiment du devoir.

Mais y a-t-il lieu de croire que, dans l'avenir, la valeur propre des individus aura autant d'importance
que par le passé? La guerre n'est-elle pas désormais
affaire de science et de calcul? Les individus n'y
seront-ils pas réduits au rôle d'instrument machinal?
Ne viendra-t-il pas un moment où il suffira presque de
comparer les plans des deux partis pour savoir à qui
revient la victoire?

Telle n'est, en aucune façon, l'opinion des hommes
du métier.

Ils considèrent que le grand ennemi du soldat,
celui qui le harcèle sans relâche et qui, repoussé,
profite de la moindre défaillance pour reprendre
l'offensive, c'est l'instinct de la conservation personnelle. La victoire appartient, en définitive, sauf dans
des cas exceptionnels, à ceux qui ont su le plus long-

temps et le plus vaillamment tenir en respect cet ennemi intérieur.

Or, d'une part, les énormes progrès de la civilisation
ont, à côté de mille splendides résultats, cet inconvénient d'exagérer, aux yeux de chaque homme, l'importance de son bien-être personnel, la valeur de sa petite
individualité. Il dresse un autel à son moi, et sa vie
s'emploie à y apporter toutes les offrandes que les raffi-
nements du luxe peuvent inventer. L'idée du sacrifice
se retire des âmes, ou n'est plus que l'objet d'une admiration de dilettante. Un individualisme à outrance
tend à s'implanter dans les mœurs, tandis que les
théoriciens célèbrent à l'envi l'altruisme et la solida-
rité.

D'autre part, un grand nombre de particularités de
la guerre moderne tendent à surexciter ou à favoriser
l'instinct de conservation personnelle, au lieu de le
réprimer. C'est, par exemple, le tir aux grandes distances, le tir rapide, le fusil à magasin, l'emploi
du terrain, l'ordre dispersé, l'immense étendue des
champs de bataille. Le soldat perdra son chef de vue,
la fuite lui sera plus facile. Les éléments de combat se
trouveront plus souvent éloignés du centre des opérations et réduits à agir par eux-mêmes. Les ordres
seront et devront être souvent très sommaires, n'in-
diquant que l'objet final à poursuivre et non les
moyens à employer, à cause de l'impossibilité où se
trouvera le chef de prévoir le détail des circonstances.

Dans ces conditions, il est indispensable que les
individus aient, par eux-mêmes, une haute valeur
morale, qu'ils soient véritablement capables d'un
dévouement et d'une abnégation spontanés. Il faut
qu'ils gardent leur entrain et leur bonne humeur,

alors qu'ils se voient décimés par des projectiles venus
on ne sait d'où, sans fumée apparente, sans bruit
nettement perceptible. Il faut qu'ils résistent au spectacle de régiments entiers abattus en un instant comme
par un coup de faux. Il faut que, loin du chef, ils fassent
leur devoir comme s'ils étaient sous ses yeux. Il faut
qu'ils soient capables d'un sacrifice obscur, éternelle-
ment ignoré. Il faut, plus que jamais, qu' « en l'absence d'ordres précis, chefs et soldats ne se cantonnent
pas dans leur cercle d'action limitée, satisfaits s'ils se
sentent couverts par la responsabilité d'autrui » (1),
mais qu'ils aient l'oreille à ce qui se passe autour
d'eux, prêts à « marcher au canon ou à la fusillade,
du moment où ils n'ont pas reçu l'ordre formel d'agir
autrement et où ils ne sont pas eux-mêmes aux prises
avec l'ennemi ». Il faut qu'ils aient un autre souci
que la préoccupation égoïste de dégager sa responsabilité, ou même que le désir, très légitime en soi, de
se distinguer par des actions d'éclat individuelles.
Tous leurs actes doivent être subordonnés à l'œuvre
commune et viser au succès final; et ils ne doivent
pas hésiter entre un sacrifice qui n'a que leur conscience pour témoin, mais qui peut contribuer à la victoire, et une action brillante qui ne sert qu'à eux-
mêmes.

Qu'est-ce à dire? On demandait au soldat d'autrefois d'avoir de la bravoure : on attend de celui d'aujourd'hui qu'il soit un héros. Non seulement on lui
interdit de frémir devant ce qui est peut-être le plus
troublant : le danger invisible ; mais on n'est plus en
mesure de lui promettre ce qui surtout exaltait son

---

(1) P. et V. Margueritte, *Le Désastre.*

courage, le regard du chef fixé sur ses subordonnés.
Le poète décrit comment, à Waterloo, les soldats de
la Garde, avant d'entrer dans la fournaise,

> Comprenant qu'ils allaient mourir dans cette fête,
> Saluèrent leur Dieu, debout dans la tempête.

Ce suprême encouragement sera bien souvent refusé
à nos soldats, et il faudra qu'ils fassent leur devoir
tout seuls.

D'où leur viendra la force d'accomplir de tels sacrifices? Il est clair que la discipline matérielle sera tout
à fait insuffisante et que tout reposera sur la force morale des individus.

La force morale ici nécessaire, où la trouver, sinon
dans le sentiment du devoir sacré envers la patrie?

Que sera la guerre future? C'est un problème. Selon
certains prophètes sinistres, les guerres du passé ne
seront auprès d'elle que jeux d'enfants. Elle n'aura
plus rien d'un tournoi, où l'on joute pour l'honneur et
pour la gloire. Ce ne sera même plus une guerre de
conquête : une acquisition brusque et violente de territoire se concilie mal avec les idées modernes sur le
respect des nationalités, et n'est souvent qu'une vaine
satisfaction d'amour-propre. La prochaine grande
guerre, selon les prophètes dont je parle, sera une
guerre d'anéantissement. Il s'agira, pour chaque parti,
de mettre l'autre à jamais hors d'état de se relever et
de songer à la revanche. Il s'agira de le ruiner à tout
jamais comme puissance financière, économique et
militaire; d'imprimer ineffaçablement dans son âme
le sentiment de sa déchéance définitive. Quant aux
conquêtes, si l'on en rêve, c'est en temps de paix,

après la victoire, que, par des transitions appropriées, on les préparera, on les assurera, on les consommera. La loi de l'attraction proportionnelle aux masses agira d'elle-même. Le vainqueur jouira d'un tel prestige et d'une puissance si effective qu'il dirigera à son gré les événements.

Le caractère d'une pareille guerre, ce sera le parti pris de ne plus rien laisser au sentiment. Le froid calcul remplacera, du commencement à la fin, l'enthousiasme, la fureur, l'héroïsme, la colère ou la générosité. Ou, si l'on donne quelque chose à l'humanité, ce sera en se montrant impitoyable pour les vaincus, en refusant systématiquement de leur faire quartier, en les étonnant par sa violence voulue et par sa cruauté : ainsi on les réduira plus vite et l'on arrêtera plus tôt l'effusion du sang. La guerre est la guerre : cette maxime brutale sera appliquée dans toute sa rigueur. C'est quand la guerre dépassera en horreur tout ce que l'on peut imaginer qu'elle aura chance de disparaître.

Je ne sais si les Français renonceront à leur passé chevaleresque au point de se ranger à de pareilles doctrines. Mais s'ils rencontrent des adversaires imbus de ces idées, il faut bien qu'ils trouvent en eux-mêmes l'énergie nécessaire pour leur tenir tête. Or, quelle est la force que rien ne pourra réduire, qui résistera aux moyens d'intimidation les plus puissants, qui, malgré des revers dont peut-être les plus grandes catastrophes du passé ne donnent qu'une faible idée, refusera à tout jamais de capituler définitivement? Il n'y en a qu'une qui soit ainsi indestructible, et c'est, encore et toujours, le sentiment du devoir. Tant qu'ils combattent pour autrui et pour une cause, soit mal définie, soit non obligatoire, les plus braves peuvent se lasser ou se contenter de sauver l'honneur. Le renoncement sera impossible à ceux qui se sentiront, au for intérieur de leur conscience, responsables envers la patrie, et qui comprendront que s'abandonner euxmêmes, ce serait la trahir et la vouer à la mort.

Le devoir ne se prescrit pas.

IV.

La conséquence qui se dégage de ces observations, c'est l'importance prépondérante qui revient désormais à l'éducation morale dans la formation du soldat. Il s'agit de développer en lui un esprit d'obéissance, d'abnégation, d'initiative docile, d'intrépidité, de constance à toute épreuve, fondé sur l'idée du devoir envers la patrie et sur l'amour de cette même patrie. Toute éducation est incomplète qui ne va pas jusque-là, c'est-à-dire qui, derrière le soldat, ne vise pas l'homme. Il est devenu presque impossible d'être un bon soldat, si l'on n'est pas un homme de devoir et un homme de cœur.

Comment se fera cette éducation?

Il est clair qu'elle doit venir des mœurs et de la société tout entière, qu'elle doit se commencer dans la famille et à l'école, pour se continuer au régiment, par l'enseignement, par les conseils, par les exhortations, et surtout par l'exemple. L'un des moyens les plus puissants est certainement l'exposition des grands exemples de patriotisme que nous fournit notre histoire nationale. L'étude de la philosophie de la guerre est également très précieuse pour montrer la prépon-

dérance des causes morales vis-à-vis des causes matérielles. La force pure et simple peut donner des succès
immédiats, mais le dernier mot reste à ceux qui
savent pourquoi ils se battent, qui ont conscience de
lutter pour une cause juste, et qui se refusent à
s'avouer vaincus, soutenus qu'ils sont par l'idée du
devoir. C'est la leçon que nous donne presque inva-
riablement l'étude des guerres, si nous la faisons, non
par campagnes isolées, mais par larges périodes.

Marathon et Chéronée résument l'histoire militaire
de l'humanité. A Marathon, une poignée de citoyens,
combattant pour les tombeaux de leurs aïeux, pour leurs
temples, pour leurs lois et pour la liberté, mirent en
déroute une foule sans nombre, qui n'avait d'autre
mobile d'action que la peur ou l'amour du butin. A
Chéronée, sous l'influence d'un grand patriote, Athéniens et Thébains se battent avec une admirable bravoure. Ils ont retrouvé leur vertu militaire des temps
héroïques. Mais on ne supprime pas par un coup
d'éclat une situation créée par de longues années d'in-
curie, de mollesse, d'égoïsme, d'indifférence au bien
commun : la Grèce tomba dignement, mais elle
tomba.

Agir sur les mœurs, sur la conscience, par tous les
moyens moraux dont il dispose, tel est donc le devoir
de l'éducateur. Mais ce n'est pas tout son devoir. On
répète beaucoup trop parmi nous : *Quid leges sine mori-*
bus ? Les lois ont, de leur côté, une réelle et profonde
action sur les mœurs, comme le prouve si évidemment
l'histoire des Grecs et des Romains. La cité, qui, chez les
anciens, formait l'homme, qu'était-ce qu'un ensemble
de lois exprimant la volonté des dieux ? Or, ce moyen
d'action, très réel et très efficace, est le seul qui soit

directement à notre portée. On fait de brillants discours sur la nécessité de réformer les mœurs et, les bras croisés, on attend qu'ils fructifient. Les modernes Athéniens goûtent la beauté du langage, et la masse reste indifférente. Les lois sont des choses précises et concrètes, qu'il dépend de nous d'instituer et de faire exécuter. Gardons-nous donc de parler avec supériorité des formules, des règlements, de la discipline littérale et matérielle, sous prétexte qu'ils ne suffisent pas. Ils ne sont pas tout, mais ils ont un rôle indispensable. *Timor Domini initium sapientiæ.*

On pose la question en ces termes : dressage ou éducation ? Certes, le dressage seul n'atteindrait pas le but, puisqu'il ne ferait que des machines sans âme, des automates et non des hommes. Mais c'est une illusion aussi de séparer l'éducation de l'âme de celle du corps, la pensée et le sentiment d'avec les mouvements et les actes extérieurs. L'homme n'est pas un être double. Les aspirations de son âme ne sont que des velléités, quand le corps n'agit pas à l'unisson. Et les habitudes du corps ont une secrète et certaine influence sur les dispositions de l'âme. Celle-ci tend naturellement à ressentir les émotions, à concevoir les idées, à se former les déterminations que représentent les attitudes du corps. Cette loi psychologique n'est certes pas sans danger ; mais puisqu'elle existe, il nous appartient d'en faire un juste et salutaire usage. Or, le règlement tire une valeur inattaquable de la fin même à laquelle il tend, et qui est la formation de l'esprit militaire. Comme il exprime le devoir, ainsi il en inculque l'idée et le sentiment. C'est en accomplissant la loi que nous nous identifions avec elle, et que nous arrivons à vouloir de nous-mêmes ce qu'elle nous impose.

Ainsi, la nécessité de former l'âme du soldat n'ôte rien à l'importance de la discipline proprement dite. Celle-ci reste sacrée, non seulement parce qu'elle est le moyen de contraindre autant que possible ceux dont les sentiments ne sont pas assez développés pour leur rendre la contrainte inutile, mais parce que, chez tous, elle est le rappel et comme l'emblème de la discipline morale, de la soumission des volontés, de la subordination de tous à la fin commune, qui est l'essence du devoir militaire.

C'est à la discipline qu'une école telle que la vôtre doit sa beauté et son efficacité incomparables. S'il ne s'agissait que de vous inculquer certaines connaissances et même de développer, selon les aptitudes de chacun, vos facultés individuelles, il ne serait pas nécessaire de vous réunir, en si grand nombre, dans une seule école. On pourrait vous faire faire, en des écoles distinctes, des études conformes à un seul et même programme. Mais il s'agit avant tout de vous donner une pensée et une âme commune. Il s'agit de vous habituer à vous considérer comme les membres d'un seul corps. Il faut que vous vous développiez tous dans le même sens, et que, tout en acquérant le maximum de valeur individuelle, vous vous retrouviez, dans vingt ans, tels qu'aujourd'hui, frères par la pensée comme par le cœur. Car il faut qu'à la guerre, séparés par les circonstances, hors d'état de vous entendre ou de recevoir les ordres du commandement commun, vous agissiez néanmoins comme si une direction extérieure avait coordonné vos efforts. Il faut qu'il existe entre vous une sorte d'harmonie préétablie, qui vous permette de suivre de loin les mouvements les uns des autres, sans communications, sans informations, comme si la distance n'existait pas pour vous. Ce résultat merveilleux, c'est la discipline qui vous l'assure. En soumettant au même rythme vos corps et vos intelligences, elle imprime en vous une loi de développement harmonique qui, dans tout le cours de votre vie, déterminera d'elle-même le concert de vos pensées et de vos volontés.

L'âme et le corps, la force matérielle et la valeur morale concourent ainsi d'un bout à l'autre dans l'activité militaire. C'est la force qu'on y vise, et, par là, il semble que le métier des armes soit enfermé dans le monde de la matière. Mais la suprême force gît dans la volonté, dans la pensée, dans l'énergie morale. On se demande alors si la supériorité à la guerre n'est pas simplement la puissance prépondérante d'une volonté individuelle, qui réussit à s'imposer aux autres. Mais la volonté n'est vraiment et durablement forte que lorsqu'elle se met au service de ce qui dépasse, en durée comme en dignité, les individus même les plus favorisés et les plus grands, à savoir la patrie.

TABLE DES MATIÈRES

Pages.

Le Programme du Cours, par M. Ernest LAVISSE, de
l'Académie française, Directeur des Conférences....   1

L'Armée romaine sous la République, par M. GUIRAUD,
de l'Université de Paris........................   19

L'Armée romaine sous l'Empire, par M. GUIRAUD, de
l'Université de Paris..........................   41

Le Service militaire en vertu de l'obligation féodale, par
M. LANGLOIS, de l'Université de Paris...........   63

Le Service militaire soldé, par M. LANGLOIS, de l'Université de Paris.................................   87

Les Armées mercenaires de l'Italie (du XIVe siècle à 1527),
par M. Émile GEBHART, de l'Académie des Sciences
morales et politiques..........................   111

L'Armée de Louis XIV, par M. Paul LEHUGEUR, professeur
d'histoire au lycée Henri IV...................   137

L'Armée de la République (1792-1799), par M. SOREL, de
l'Académie française et de l'Académie des Sciences
morales et politiques..........................   181

L'Armée du premier Empire dans ses rapports avec la
société civile, par M. Albert VANDAL, de l'Académie
française....................................   219

Du Devoir militaire, par M. Émile BOUTROUX, de l'Académie des Sciences morales et politiques..........   247

Paris. — Imprimerie R. CHAPELOT et C°, 2, rue Christine.

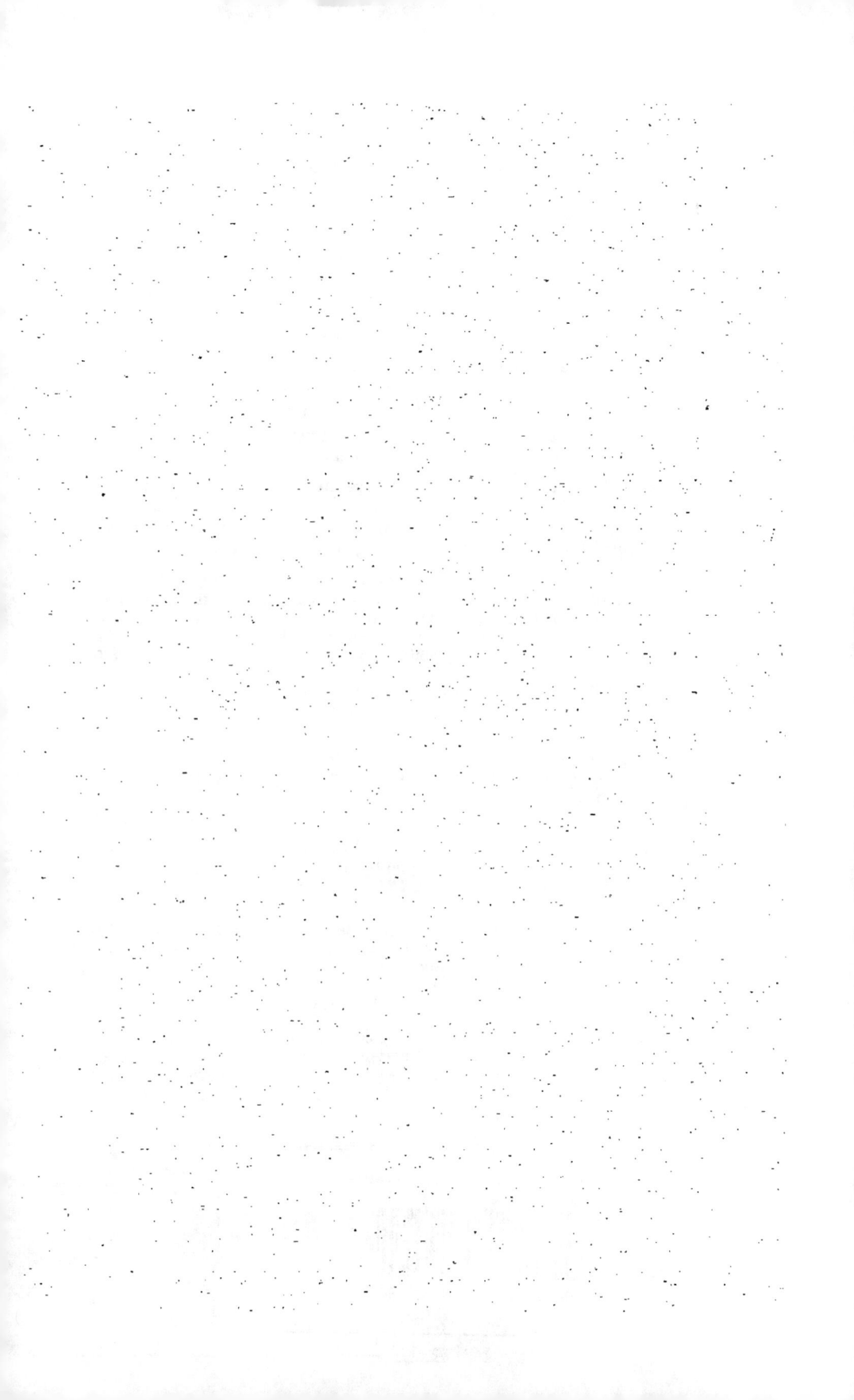

A LA MÊME LIBRAIRIE

Sommaires d'histoire de France depuis Henri IV jusqu'en 1848, conformes au règlement du 19 septembre 1881 sur le service des écoles régimentaires; par Paul **Lehugeur**, professeur agrégé d'histoire au lycée Charlemagne, officier de réserve. Paris, 1883, 1 vol. in-18 cart.. 1 fr.

L'armée en France. — Histoire et organisation depuis les temps anciens jusqu'à nos jours; par **Dussieux**, professeur honoraire à Saint-Cyr. 3 vol. in-12 de 400 pages................... 10 fr. 50

Les milices et les troupes provinciales; par Léon Hennet. Paris, 1884, 1 vol. in-8.................................... 5 fr.

Histoire de l'infanterie française; par le général **Susane.** Paris, 1876-77, 5 vol. in-12.......................... 17 fr. 50
 Cet ouvrage important donne les notices historiques les plus complètes des milices, bandes, légions et régiments.

Les drapeaux français, étude historique; par le comte de **Bouillé.** 2e édition, considérablement augmentée et accompagnée de 123 dessins (bannières, oriflammes, pennons, étendards, guidons, cornettes, enseignes, flammes, cocardes). Paris, 1875, 1 vol. in-8 avec 19 planches en chromolithographie.................... 8 fr.

Le patriotisme en action. Histoire abrégée des gloires militaires de la France, depuis son origine jusqu'à nos jours; par E.-A. **Tarnier.** Paris, 1881, 2 vol. in-12............................ 7 fr.

Éducation militaire et patriotique de la jeunesse et de l'armée. — **Pour la Patrie**; par C. Alberge, professeur à l'École militaire préparatoire de Montreuil-sur-Mer. 2e édition. Paris, 1899, 1 vol. in-12.. 1 fr. 50

1793-1805. — **Lettres d'un chef de brigade.** 33e de ligne, 65e et 68e demi-brigade, 56e de ligne; publiées et éclaircies par M. A. **d'Hauterive**, capitaine au 124e de ligne. Paris, 1891, 1 vol. in-8. 4 fr.

Histoire abrégée des campagnes modernes; par J. **Vial**, colonel d'état-major en retraite, ancien professeur d'art et d'histoire militaires à l'École d'application d'état-major. Complétée et mise à jour par son fils C. **Vial**, capitaine d'artillerie. 5e édition. Paris, 1894, 2 vol. in-8 avec atlas de 51 planches.............. 13 fr.

Guerre franco-allemande (1870-1871). Résumé et commentaires de l'ouvrage du grand état-major prussien; par Félix **Bonnet**, chef d'escadron d'artillerie. Paris, 1883-1886, 3 vol. in-8 avec 14 planches.. 22 fr. 50

www.ingramcontent.com/pod-product-compliance
Lightning Source LLC
Chambersburg PA
CBHW071347280326
41927CB00039B/2136